논·술·세·계·대·표·문·학

28

여자의 일생

기 드 모파상 | 김현경 엮음

H 훈민출판사

모파상의 초상화

프랑스 샤모니의 설경

The Best World Literature

모파상의 기념상

고향 노르망디에 작은 배를 개조하여 지은 모파상의 별장

모파상이 자주 가던 레스토랑

〈여자의 일생〉의 무대이자 모파상의 고향인 프랑스 노르망디의 해안

모파상의 묘

당시 출판되었던 〈여자의 일생〉의
표지 그림

The Best World Literature

모파상이 만년에 쓴 〈낭만 생활〉의 표지 – 모파상
은 바다를 사랑하여 평생 동안 배를 타고 여행을
계속하였다.

영화 〈여자의 일생〉의 한 장면

구인환(丘仁煥)

서울대학교 사범대학 졸업. 동 대학원 졸업(문학박사)
서울대학교 명예교수, 소설가(현). 서울대학교 사범대학 국어교육연구소 소장(현)
문학과문학교육연구소 소장(현). 국제펜 한국본부 부회장(현)
한국소설문학상(1987). 예술문화대상(1994). 한국문학상(2000)
작품 〈숨쉬는 영정〉, 〈살아 있는 날들〉, 〈일어서는 산〉 외 다수

• **저서** 《한국단편소설의 이해》, 《한국현대소설의 비평적 성찰》,
　　　《고교생이 알아야 할 소설》, 《고교생이 알아야 할 세계단편소설》 외 다수

윤병로(尹柄魯)

성균관대학교 국어국문학과 졸업. 동 대학원 졸업(문학박사)
성균관대학교 교수, 문학평론가(현). 한국현대소설학회장(현)
한국문예학술저작권협회 이사(현). 한국간행물윤리위원회 위원(현)
한국펜 문학상(1987). 한국문학상(1988). 대한민국문학상(1989)
수필집 《나의 작은 애인들》 외 다수

• **저서** 《현대 작가론》, 《한국 현대 소설의 탐구》,
　　　《한국 근대 작가 작품 연구》, 《한국 현대 작가의 문제작 평설》 외 다수

홍성암(洪性岩)

고려대학교 국어국문학과 졸업. 한양대학교 대학원 국어국문학과 졸업(문학박사)
동덕여자대학교 교수, 소설가(현). 한국문인협회 회원(현)
한국소설가협회 이사(현). 국제펜 한국본부 소설분과 이사(현). 한민족 문화학회 회장(현)
창작집 《큰 물로 가는 큰 고기》, 《어떤 귀향》 외
대하역사소설 《남한산성》 (전9권) 외 다수

• **저서** 《문학의 이해》, 《현대 작가론》, 《한국 근대 역사소설 연구》 외 다수

기
획
·
감
수

〈여자의 일생〉의 삽화 – 잔이 결혼한 지 얼마 되지
않아 한밤중에 눈을 떴을 때의 장면이다.

논술 *세계대표문학*을 펴내며

21세기의 사회는 '**전자 문명 시대**'라 일컬어질 만큼 오늘날 전자 산업은 우리 생활의 거의 모든 분야에 다양하게 응용되고 있습니다. 출판 분야 또한 예외는 아니어서, 종래의 서책(Book) 대신에 이른바 '전자책(CD-ROM)'의 출간이 최근 들어 날로 증가하고 있습니다.

그러나 이러한 전자책은 영상 또는 모니터상으로 흥미 위주나 백과사전식 지식을 습득하는 데는 효과적일지 모르지만, 문학 공부를 위해서는 별로 도움이 되지 않습니다. 바꾸어 말하면, 문학 공부는 각 지면마다 살아 숨쉬는 표현 하나하나를 독자 자신의 머리로 음미하면서 작품을 읽어 나가는 가운데, 풍부한 상상력의 배양과 함께 작가의 의도와 그 작품의 내면을 깊이 있게 이해함으로써 이루어지는 것입니다.

이에 훈민출판사에서는, 자라나는 학생들이 범람하는 영상 매체에 길들여지기 전에, 어려서부터 유명한 세계문학 작품들을 책자를 통하여 감명 깊게 읽고 감상함으로써, 올바른 문학 공부의 기틀을 다지고, 아울러 전인 교육도 할 수 있도록 《논술 세계대표문학(전60권)》을 펴내게 되었습니다.

작품 선정은, 초·중·고등학교 국어 교과서와 역사 교과서에 실리거나 소개된 문학 작품을 중심으로 하되, 그리스 신화와 성경 이야기 등의 고전에서부터 중세·근대·현대에 이르기까지 세르반테스·셰익스피어·톨스토이 등 세계 유명 작가들의 장·단편 소설들을 엄선·수록하였습니다. 또 세계의 명시도 별권으로 엮었으며, 특히 각 단락마다 '**논술 문제**'를 제시하여, 장차 대학입시를 비롯한 각종 '논술 고사'에 예비 지식을 쌓을 수 있도록 배려하였습니다. 아무쪼록, 이 《논술 세계대표문학(전60권)》이 자라나는 학생들에게 문학 공부의 주춧돌이 되고, 나아가 미래를 살아가는 데 **정신적 자양분**이 되기를 진심으로 바라 마지않습니다.

훈민출판사

차례

여자의 일생

모파상

지은이

1850~1893년. 프랑스 북서부 노르망디에서 출생. 17세에 만난 플로베르는 모
파상의 스승으로, 친구의 관계를 맺었다.
플로베르의 도움으로 작품을 쓰기 시작하였으며, 1880년〈비곗덩어리〉로 플로베르
에게 극찬을 받은 뒤로 문단에서 확고한 지위를 얻게 되었다. 하지만 건강이 좋지 않
은 모파상은 과대망상과 정신착란 증세로 정신병원에 입원하게 되었으며, 1893년
7월 초 어두침침한 병원 한구석에서 숨을 거두고 말았다.
주요 작품으로 〈여자의 일생〉, 〈비곗덩어리〉, 〈목걸이〉, 〈벨아미〉 등이 있다.

여자의 일생

레뢰플 저택

잔은 짐을 다 꾸리고 나서 다시 창가로 가 보았다. 비는 여전히 내리고 있었다. 밤새도록 폭우가 내린 뒤였지만, 낮게 깔려 있는 하늘에서는 땅을 우유로 만든 사탕처럼 녹이려는 듯이 빗줄기를 쏟아붓고 있었다.

때때로 돌개바람이 후텁지근한 열기를 뿜고 지나갔다. 좔좔 넘쳐흐르는 개천물 소리가 인적 없는 거리에 가득 찼고, 길가의 집들은 마치 해면처럼 습기를 빨아들여 집 안의 모든 벽에서 물방울이 스며나오게 하고 있었다.

바로 어제 수녀원 기숙사를 나와 자유의 몸이 된 잔은 이미 오랫동안 꿈꾸어 오던 인생의 갖가지 행복을 맞아들일 준비를 갖추고 있었다. 그래서 혹시나 날씨가 개지 않으면 아버지가 떠나기를 망설일까 걱정이 되었다. 아침부터 지평선 쪽을 바라본 것이 아마 백 번은 될 것이다.

그녀는 여행가방 속에 달력을 넣지 않은 것이 생각났다. 잔은 얼른 벽에 걸려 있는 조그만 달력을 떼어 냈다. 그 달력의 그림 한가운데에는 그 해인 1819란 숫자가 금박으로 씌어 있었다. 그녀는 수녀원을 나오는 날인 5월 2일까지 성자들의 이름 하나하나에 연필로 줄을 그으면서 처음의 네 칸을 지워 버렸다.

그 때 문밖에서 그녀를 부르는 소리가 들려왔다.

"자네트!"

잔은 대답했다.

"들어오세요, 아버지."

남작이 들어왔다.

시몽 자크 르 페르튀 데 보 남작은 고집이 좀 세긴 하나 마음씨 좋은 지난 세기의 귀족이었다. 장 자크 루소의 열렬한 숭배자이기도 한 그는, 자연과 동물들에 대해 깊은 애정을 품고 있었다.

남작의 큰 장점이자 동시에 큰 단점은 '선량하다'는 것이었다. 다른 사람을 사랑하고 베풀어 주기에는 힘에 겨울 정도의 선량함이었다.

이론가이기도 한 남작은 외동딸 잔을 착하고 올바르게 키우기 위한 교육 방법을 계획해 놓았었다. 그래서 딸을 열두 살까지만 집에서 기르고, 그 다음부터는 사크레쾨르 수녀원으로 보냈다.

남작은 거기에 딸을 엄중히 가두어 놓음으로써, 세상일을 모르게 만들었다. 그는 딸이 열일곱 살이 되면 데리고 나와 자신이 생각하는 티 없이 맑은 세계에서 기를 생각이었다.

보송보송한 솜털이 덮인 장밋빛의 피부와 갈색 머리칼, 불투명한 푸른빛이 감도는 잔의 얼굴은 마치 베로네세(16세기 이탈리아 화가)의 초상화 같았다. 그리고 왼편 코밑과 오른쪽 턱밑에는 조그맣고 예쁜 점이 하나씩 있었다. 몸매는 날씬하고 키는 컸으며, 가슴은 봉긋했고 허리의 선은 물결이 이는 듯했다. 맑은 목소리는 가끔 지나치게 날카로운 듯했지만, 천진한 웃음 소리는 주위 사람들에게 기쁨을 안겨 주었다.

그녀는 아버지에게 달려가 와락 껴안고 키스를 하며 물었다.

"이제 떠나는 거죠?"

남작은 희끗희끗한 머리를 설레설레 흔들며 대답했다.

"이런 날씨에 어떻게 여행을 떠나겠니?"

그러나 그녀는 애교와 응석을 섞어가며 졸라 댔다.

"아이, 아빠. 출발해요. 오후에는 날씨가 갤 거예요."

"그래도 어머니는 반대하실 게다."

"어머니는 제게 맡기세요."

"그럼, 어머니가 승낙만 하면 떠나기로 하자꾸나."

그러자 그녀는 급히 어머니의 방으로 달려갔다.

잔은 수녀원에 들어간 이래 루앙에서 떠나 본 일조차 없었던 것이다. 보름쯤 파리에서 머문 적이 꼭 두 번 있었다. 하지만, 잔은 도회지가 아닌 시골에 가고 싶었다.

잔의 가족은 레푀플 별장에서 한여름을 보낼 계획이었다. 이포르 부근 언덕 위에 있는 그 별장에서 그녀는 마음껏 자유롭게 즐겨 보리라 결심했다.

잔은 집이 떠나갈 듯이 소리치며 어머니의 방에서 달려나왔다.

"어머니가 떠나도 좋다고 하셨어요. 빨리 마차에 말을 매도록 하세요."

사륜마차가 집 앞으로 다가오자 비가 더욱 세차게 퍼붓는 것 같았다.

잔이 막 마차에 오르려 할 때였다. 남작 부인이 남편과 한 하녀의 부축을 받으면서 층계를 내려왔다. 그 하녀는 코 지방 태생의 노르망디 처녀로 겨우 열여덟 살이었지만, 스무 살도 더 되어 보일 만큼 숙성했다. 잔과는 어릴 때부터 같이 자라, 둘째딸처럼 대우를 받고 있었다. 이름은 로잘리라고 불렀다.

로잘리의 중요한 일 중 하나는 몇 해 전부터 심장 비대증에 걸려 몸이 뚱뚱해져 고생하는 마님의 보행을 돕는 일이었다.

남작 부인은 숨을 헐떡거리며 헐어빠진 저택 층계에까지 다다랐다. 빗물이 넘쳐흐르는 뜰을 바라보며 중얼거렸다.

"이런 날씨에 어딜 가겠다고 저러는지 원······."

얼굴에는 여전히 미소를 짓고 있는 남작이 대답했다.

"그래도 좋다고 한 것은 당신이오, 아델라이드 부인."

남작 부인은 다시 몇 걸음 걸어서 간신히 마차 안으로 들어갔다. 부인의 몸무게 때문에 마차가 한쪽으로 기우뚱했다. 남작은 부인 옆에 앉고, 잔은 로잘리와 함께 그 맞은편에 자리를 잡았다.

마부인 시몽 영감은 세찬 비에 머리를 숙이고 허리를 구부리더니 세 겹 칼라가 달린 큰 마부용 외투를 뒤집어썼다. 윙윙 울리는 돌개바람이 유리창을 때리고 마차 바닥에 물이 들이치곤 했다.

말 두 마리가 전속력으로 모는 마차는 큰 배들이 늘어선 기슭을 따라 달렸다. 배의 돛과 돛대 등은 비가 쏟아지는 하늘을 향해 벌거벗은 나무처럼 슬픈 모습으로 서 있었다.

때때로 비에 흠뻑 젖은 버드나무가 힘없이 가지를 늘어뜨리고 있는 것이 물보라 속에서 어렴풋이 보이기도 했다. 아무도 말이 없었다.

부인은 머리를 의자에 기댄 채 눈을 감고 있었다. 남작은 비에 젖은 단조로운 풍경을 음울한 눈으로 바라보고 있었다. 보따리 하나를 무릎에 놓고 앉은 로잘리는 천진스러운 공상에 잠겨 있었다.

그러나 잔만은 생생하게 되살아나는 자신을 느꼈다. 그녀는 노래를 하고 싶었다. 빗물을 받아 마시고 싶은 기분이 들기도 했다. 전속력으로 달리는 말이 마차와 함께 자신을 이끌어 가는 것이 즐거웠다.

억수같이 쏟아지는 빗속을 달리는 말의 번지르한 몸에서는 허연 김이 무럭무럭 오르고 있었다.

남작 부부는 항상 검소한 생활을 했다. 하지만, 그 밑 빠진 독과 같은 '선량함'이 없었다면, 지금의 수입만으로도 풍족하게 살아갈 수 있었을 것이다. 이 선량함은 태양이 늪의 물기를 말리듯이 남작 집안의 돈을 말리고 있었다. 돈은 흐르고, 도망치고, 사라져 버렸다.

갑자기 잔이 물었다.

"제 저택은 지금도 아름다워요?"

남작이 쾌활하게 대답했다.

"곧 알게 될 게다."

폭우는 차츰 약해지더니 어느 새 가느다란 이슬비가 되어 안개처럼 흩날리고 있었다. 그리고는 이제까지 보이지 않던 햇살이 초원 위로 쏟아졌다. 구름은 갈라지고 푸른 하늘이 보였다. 부드러운 산들바람이 대지를 스쳐가고, 이따금 깃을 말리는 경쾌한 새 소리가 들려왔다.

어느 새 저녁때가 되었다.

말에게 숨을 돌리게 하고, 물과 귀리를 먹이기 위해 마차는 주막 앞에서 두 번 쉬었다. 해는 이미 지고 멀리서 저녁 종소리가 들려왔다.

어느 작은 마을에서 마부인 시몽 영감은 마차에 등불을 달았다. 하늘에도 별들이 반짝이고 있었다. 이곳 저곳 어둠 속에서 불을 밝힌 집들이 하나의 등불이 되어 나타났다. 전나무 가지 사이로는 크고 붉은 달이 잠에 취한 듯 천천히 떠올랐다.

잔은 창밖의 불이 비치는 어둠 속에서 지나가는 농장의 숲과 들, 여기저기에 누워 있는 암소들을 바라보았다. 하지만 계속되는 마차 소리가 그녀의 생각을 뒤흔들어 놓았기 때문에, 가만히 눈을 감았다.

이윽고 마차가 멈추었다. 많은 하인과 하녀들이 손에 등불을 들고 문앞에서 기다리고 있었다.

깜짝 놀라 깨어난 잔은 급히 마차에서 내렸다. 남작과 로잘리는 하인이 비춰 주는 등불을 의지하여 "얘들아, 아이구 하느님 맙소사."를 되풀이하는 남작 부인을 부축하여 거의 안다시피 해서 안으로 데리고 들어갔다. 부인은 아무것도 먹지 않은 채 침대에 눕자 곧 잠이 들었다.

잔과 남작은 함께 식사를 했다. 아버지와 딸은 서로 바라보며 테이블 너머로 손을 쥐기도 했다. 두 사람은 기쁜 맘으로 수리가 끝난 저택을 둘러보았다.

이미 잿빛으로 변한 흰 돌로 지어진 저택은 농장과 성곽을 끼고 있는 노르망디식 건물이었다.

높고 높은 이 집은 한 집안 식구가 충분히 살 만큼 넓었다. 또, 저택의 이 끝에서 저 끝까지 통하게 되어 있는 넓은 복도가 있고, 집의 앞뒤에는 큰문이 열려 있었다. 아래층에는 널찍한 응접실과 옛날 서적이 가득 찬 서재, 지금은 사용하지 않는 두 개의 방, 새로 꾸민 식당, 식탁보를 넣어 두는 방, 찬방, 부엌, 목욕탕이 딸린 방 등이 나란히 있었다.

이층에 길게 뻗어 있는 긴 복도 옆에 열 개나 되는 방의 문이 늘어서 있었다. 제일 안쪽에 위치한 것이 잔의 방이었다.

아버지와 딸은 그 곳으로 들어갔다. 잔의 방은 벽걸이와 가구 등으로 꾸며져 있었다. 잔은 자기의 침대를 보자 환호성을 올렸다. 네 모서리에는 마치 침상을 지키는 호위병같이 박달나무로 만든 큰 새가 한 마리씩 침대를 받쳐들고 있었다. 양쪽 옆에는 꽃과 과일로 꾸며진 큰 장식이 새겨져 있었고, 장식용 침대 덮개와 방장에는 옛날 명주로 짠 천에 군데군데 금실로 수놓은 큰 백합꽃이 아름답게 반짝이고 있었다.

침대는 무슨 기념비처럼 우뚝 서 있었는데, 오랜 세월을 지냈으므로 검은 윤기가 흐르는 나무의 딱딱한 위엄에도 불구하고 매우 우아해 보였다. 루이 14세 시대의 훌륭한 가구와 루이 15세 시대의 두 안락의자, 장미나무로 만든 책상도 곁에 놓여 있었다.

시계가 11시를 치자 남작은 딸에게 키스를 하고 나서 자기 방으로 갔다. 잔은 다시 한 번 자기 방을 둘러본 후 촛불을 껐다. 왼쪽 창문으로 달빛이 밀물처럼 쏟아져 들어와 방바닥은 빛의 연못을 이루고 있었다.

잔은 아직도 마차에 흔들리고 있는 것 같았다. 마차의 바퀴 소리도 여전히 귓속에서 울리고 있는 것같이 느껴졌다. 그녀는 한동안 가만히 있으면 잠이 들 거라고 생각했지만, 좀처럼 잠이 오지 않았다.

마침내 그녀는 맨발과 팔을 드러낸 채 유령처럼 보이는 긴 슈미즈만을 걸치고는 창문을 열고 밖을 내다보았다. 환한 달빛에 그녀가 어렸을 때 사랑했던 이 지방의 경치 전체가 드러나 보였다.

정면에 있는 넓은 잔디밭은 달빛 아래 버터처럼 노랗게 보였다. 두 그루의 아름드리 나무가 저택 앞에 보초처럼 서 있었다. 하나는 플라타너스, 또 하나는 보리수였다. 끝없이 펼쳐나간 잔디밭 끝에는 조그마한 숲이 저택과의 경계를 이루고 있었다.

몰아치는 해풍으로 뒤틀리고, 끝이 평평해지고 가지가 꺾어진 다섯 줄의 느릅나무가 저택을 돌풍으로부터 보호해 주고 있었다. 그 사이로 포플러 나무로 이루어진 가로수길이 있었다. 노르망디에서는 포플러 나무를 푀플이라고 불렀다. '레푀플' 이라는 저택 이름은 이 푀플에서 따온 것이다.

잔은 저 멀리 별빛 속에 잠든 듯이 보이는 물결을 보고 있었다. 이 고요 속에서 자연의 온갖 향기가 넘치고 있었다. 창문까지 뻗어오른 재스민 향기가 새로 돋아난 싹들의 싱그러운 향기와 뒤섞여 있었다. 이따금 불어오는 바닷바람은 짙은 소금 냄새와 끈끈한 해초 냄새를 싣고 왔다.

잔은 자기의 가슴이 이 달 밝은 밤처럼 속삭임에 가득 차서 부풀어오르는 것을 느꼈다. 그녀는 사랑을 꿈꾸기 시작했다.

사랑! 그것이 차츰 다가오고 있다는 불안감이 그녀의 마음에 차오르고 있었다. 이제 잔은 마음대로 사랑할 수가 있는 것이다.

어떤 사람일까? 물론 그 사람에 대해선 모른다. 다만 잔은 온 마음을 다 바쳐 그 사람을 사랑하고, 그 사람도 열렬히 자기를 사랑해 주기를 원했다. 둘은 이러한 달밤이면 함께 손을 잡고 포옹하면서 서로의 심장이 뛰는 소리를 듣는다. 그리고 서로의 애정을 주고받으면서, 여름밤을 산책하리라. 누구도 깨뜨릴 수 없는 그 사랑은 영원히 계속될 것이다.

그러자 잔은 문득 그 사람이 자기 앞에 있는 것처럼 느껴졌다. 그녀는 자기의 꿈을 끌어안으려는 듯, 두 팔로 가슴을 꼭 껴안았다.

바다가 내려다보이는 이 조용한 저택에서 그 사람과 함께 살림을 꾸미리라. 아마도 아이는 둘이 태어날 것이다. 사내아이는 남편의 것이고, 여자아이는 내 것이 된다. 그러자 두 아이가 플라타너스와 보리수 사이에서 뛰어 노는 것이 눈에 선하게 보이는 것 같았다. 남편과 나는 애정 어린 눈길을 아이들 머리 위로 보내면서 그들의 뒤를 쫓으리라.

잔은 언제까지나 이렇게 공상에 잠긴 채 우두커니 서 있었다.

어느 새 달은 이미 기울어 바닷가 속으로 지려 하고 있었다. 공기가 몹시 차가워졌다. 동쪽 지평선이 밝아오고 있었다. 오른쪽 농장에서 수탉이 홰를 치는 소리가 들리자, 잇따라 왼쪽 농장에서도 몇 마리인가가 화답을 했다. 하늘엔 별들이 하나 둘 사라져 가고 있었다.

어디선가 새의 짤막한 울음소리가 들려왔다. 지저귀는 소리가 처음에는 나뭇잎 사이로 조심스럽게 들려오더니 점점 커져서 가지에서 가지로, 나무에서 나무로 옮겨갔다.

잔은 문득 자신이 밝아진 빛 속에 있는 것을 느꼈다. 붉은빛으로 물든 구름의 봉우리가 포플러 나무들로 가리워진 채 깨어난 대지 위로 그 붉은빛을 던지고 있었다. 그러자 이글이글 타는 듯한 태양이 찬란한 구름을 헤치고 차츰 솟아올랐다.

잔은 행복감으로 충만했다.

'나의 태양! 나의 새벽! 내 생애의 첫출발이요, 희망의 닻을 올리는 순간이다!'

잔은 맑게 빛나는 하늘을 향해 팔을 뻗쳐 태양을 끌어안고 싶었다. 그리고 이야기하고 싶었다. 아침의 탄생처럼 신성한 무엇인가를 외치고 싶었다. 그녀는 두 손에 얼굴을 묻고는 기쁨의 눈물을 흘렸다. 그녀가 다시 고개를 들었을 때 여명의 장엄한 장면은 이미 사라진 뒤였다.

잔은 곧 피로해져서 창문을 열어놓은 채 침대에 가서 누웠다. 그리고 곧 깊고 깊은 잠 속에 빠졌다. 아버지가 방 안에 들어와 흔들어 깨워서야 일어났다. 아버지는 이젠 딸의 것이 된 이 저택의 아름다움을 딸에게 보여 주고 싶어했다.

사과나무를 심은 널찍한 뜰의 안쪽을 향해 있는 현관은 길에서 멀리 떨어져 있었다. 똑바르게 난 샛길이 숲 둘레로부터 현관 층계에까지 이르고 있었다. 지붕은 새로 이어졌고, 자질구레한 곳에까지 새로 손이 갔다. 벽도 수리되고, 방도 새로 도배를 하고, 내부 전체는 모두 알뜰히 다시 칠해져 있었다.

잔과 남작은 서로 팔짱을 끼고 새로 수리된 저택의 구석구석을 돌아보았다. 그리고는 공원이라 부르는 큰 포플러 가로수길을 천천히 거닐었다. 나무 밑에 돋아난 풀은 마치 푸른 양탄자를 깔아놓은 것 같았다. 나뭇잎들로 가려진 오솔길들은 이리저리 얽혀 있었다.

아침식사 후에도 기운을 차리지 못한 아델라이드 부인을 남겨 놓고, 남작은 딸과 함께 산책을 했다. 마을을 지나갈 때 세 농부가 친숙하게 남작과 잔에게 인사를 했다.

이윽고 이포르 마을이 나타났다. 집 문턱에 앉아서 옷가지를 꿰매고 있는 여자 둘이 지나가는 그들을 보고 있었다.

반짝이는 비늘이 여기저기 붙어 있는 그물들이 비좁은 집 앞에 널려 있었다. 그런 집에서는 한 방에서 우글거리는 사람들의 악취가 풍겨나왔다. 몇 마리의 비둘기가 먹이를 찾아 개천가를 돌아다니고 있었다. 이

런 풍경들이 잔에게는 모두 연극의 무대 장치처럼 신기하기만 했다.

어떤 집 담을 돌자 바다가 나타났다. 한없이 펼쳐진 푸르고 잔잔한 바다였다. 두 사람은 해변가에서 발걸음을 멈추고 바다를 바라보았다. 새의 깃처럼 흰 돛을 단 배 몇 척이 멀리 지나가고 있었다. 오른쪽도 왼쪽도 모두 높은 절벽이 솟아 있었다.

몇 명의 어부가 저녁 밀물을 기다리면서 배 띄울 준비를 하고 있었다. 사공 한 사람이 잔이 있는 쪽으로 생선을 팔러 왔다. 잔은 넙치를 한 마리 샀다. 그 큰 생선은 잔에게 힘겨웠기 때문에, 생선 아가미를 남작의 지팡이에 꿰어가지고 둘이서 양끝을 잡고 가기로 했다.

두 사람은 언덕을 다시 올라가면서 아이들처럼 지껄이기도 하고, 서늘한 바람을 이마에 받으며 유쾌하게 걸었다. 넙치는 점점 무거워져서 어느덧 커다란 꼬리가 풀을 스치며 끌리고 있었다.

꿈 같은 생활

즐겁고 자유로운 생활이 잔에게 시작되었다. 책을 읽기도 하고, 공상을 하기도 하고, 홀로 주위를 산책하기도 했다. 꿈꾸듯 천천히 거리를 따라 거닐기도 하고, 꼬불꼬불한 작은 골짜기를 뛰어내리기도 했다.

더위 때문에 한층 더 피어오르는 등심초의 달콤한 냄새는 향기로운 술처럼 그녀를 취하게 했다. 해변에 부딪쳐 철썩거리는 파도 소리에 그녀의 가슴도 물결이 출렁이듯 출렁거렸다. 이 지방의 아름다움과 고요 속에서 고독을 사랑하는 마음이 잔에게 스며들었다.

그녀가 움직이지 않고 앉아 있었기 때문에, 조그만 산토끼들이 깡충깡충 뛰어서 발밑으로 지나갈 때도 있었다. 어떤 때는 물 속의 물고기처럼, 하늘을 나는 제비처럼, 상쾌한 기쁨 속에서 그녀는 몸을 움직이며 산들바람에 불려 절벽 위를 달리기도 했다.

잔은 땅에 씨를 뿌리듯이 여기저기에 추억의 씨를 뿌렸다.

그녀는 수영에 열중하기 시작했다. 대담하고 위험이라는 것을 모르는 잔은 멀리까지 헤엄을 쳤다. 차갑고 투명하고 푸른 물 속에 잠겨 있으면 기분이 상쾌했다. 바닷가에서 멀리 떨어져서 그녀는 팔짱을 끼고 물 위에 드러누워 아득하고 푸른 창공을 바라보았다. 그러고 있노라면, 때때로 제비가 미끄러지듯 날아가고, 갈매기의 흰 그림자가 그녀의 위를 스쳐 지나갔다. 멀리 바닷가 조약돌에 찰싹거리는 파도의 속삭임과 어렴풋한 육지의 웅성거림만이 희미하게 들릴 뿐이다.

때때로 너무 멀리 갔을 때는 배가 마중을 나오기도 했다. 그럴 때면 잔은 입가에 미소를 머금고 저택으로 돌아오는 것이었다.

남작은 농업에 관한 큰 계획을 세우고 있었다. 생산량을 늘릴 수 있는 방법을 연구하고, 새로운 농기구를 실험해 보고, 외국의 씨앗을 옮겨 심어 보고도 싶었다. 남작은 하루의 얼마를 농부들과 이야기하며 보냈지만, 그들은 남작의 시도를 믿으려 하지 않았다.

남작은 이포르의 어부들과 같이 바다에 나가기도 했다. 동굴이라든가 샘터, 기암괴석 같은 것을 보고 나서, 어부들과 함께 고기잡이를 했다. 달밤을 이용하여 전날 밤에 쳐둔 그물을 거두려고 나가기도 했다. 남작은 삐걱거리는 돛대 소리와 윙윙거리는 시원한 바닷바람을 좋아했다.

식사때면 자기의 바닷가 산책 이야기를 하는 것에 여념이 없었다. 그러면 아델라이드 부인은 이에 질세라 넓은 포플러의 가로수길을 몇 번 걸었는가를 이야기하는 것이었다.

부인은 의사에게서 운동하라는 권유를 받았기 때문에, 열심히 걸어다녔다. 망토와 두 개의 숄을 두르고, 검은 머플러를 쓴 머리 위에 붉은 털실모자까지 쓴 부인은, 로잘리의 팔에 기대어 산책을 나갔다.

부인은 왼쪽 발을 끌면서 저택 모퉁이에서부터 수풀의 막다른 관목숲까지 일직선으로 끝없이 걷기를 되풀이했다. 그리고는 5분마다 한 번씩 걸음을 멈추고 참을성 있게 자기를 부축해 주는 하녀 로잘리에게,

"좀 쉬자, 애야. 숨이 차구나."

하고 말하는 것이었다.

오후에도 남작 부인은 더욱더 느려진 걸음으로 걷기를 계속했다. 아침보다 쉬는 시간도 길어지고, 때때로 긴 의자 위에서 한 시간이나 졸기도 했다. 부인은 이것을 '나의 운동'이라고 불렀다. 부인이 '나의 심장 비대증'이라는 말을 다르게 부르는 말이기도 했다.

부인은 젊었을 땐 무척 아름다웠다. 갈대보다 더 가는 날씬한 몸매를 뽐내며, 제정 시대의 군복을 입은 장교들과 왈츠를 추곤 했다.

이따금 잔이 로잘리 대신 어머니를 산책시키기도 했다. 그러면 어머니는 딸에게 어린 시절 이야기를 들려주는 것이었다. 두 사람의 느릿느릿한 발걸음은 두 사람의 느릿한 이야기와 보조가 잘 맞았다.

어느 날 오후에 모녀는 벤치에 앉아 쉬고 있었다. 갑자기 가로수길 저 끝에서 그들을 향해 걸어오는 뚱뚱한 신부의 모습이 보였다. 신부는 얼굴에 미소를 짓고 가까이 오더니 허리를 굽히며,

"아, 남작 부인, 그간 안녕하셨습니까?"

하고 큰 소리로 인사했다. 그는 이 지방의 피코라는 신부였다.

부인은 신앙심이 별로 두텁지 못한 아버지 밑에서 자라났기 때문에 성당에는 별로 다니지 않았다. 부인은 신부를 보자 교회를 찾아가지 못한 것을 변명했다. 그러나 사람 좋은 신부는 조금도 언짢은 기색이 없었다.

그는 잔의 얼굴을 유심히 보고 나서 그녀의 미모를 칭찬했다. 신부는

벤치에 걸터앉아 모자를 무릎 위에 놓고는 이마의 땀을 씻었다. 얼굴이 붉고 뚱뚱한 체구를 가진 신부는 비오듯 땀을 흘렸다.

그는 명랑하고, 마음씨 너그러운 전형적인 시골 신부였다. 신부는 여러 가지 이야기를 늘어놓고, 마을 사람들에 대해서도 이야기했다.

어느 새 남작도 나왔다. 그는 전부터 친하게 알고 지내는 신부에게 친절하게 대했으며, 저녁식사에도 초대했다.

남작 부인은 신부를 극진히 대접했다. 살이 찐 신부의 붉은 얼굴과 가쁜 숨소리가 부인의 숨찬 비대증과 비슷해서 부인에게 위로가 되었기 때문인지도 모른다.

식사가 끝났을 때 신부는 갑자기 생각난 듯 말했다.

"참, 우리 교구 내에 새 신자가 한 사람 늘었는데, 그 사람을 소개해야겠군요. 라마르 자작이라고 하는데 말입니다."

"그렇다면 그분은 위르 라마르 집안 출신인가요?"

남작 부인이 물었다.

신부는 머리를 끄덕이면서 대답했다.

"그렇습니다, 부인. 작년에 돌아가신 장 드 라마르 자작의 아드님 되시는 분입니다."

그러자 귀족이라는 신분을 좋아하는 아델라이드 부인은 신부에게 여러 가지 질문을 퍼부었다. 그리고는 곧 라마르 자작이 어떤 사람인가를 알게 되었다.

이 젊은 자작은 조상 대대로 물려오는 저택을 팔아 그 부친의 빚을 정리하고, 지금은 에투방에 있는 작은 농장에서 지내고 있다고 한다. 그리고 착실하고 검소한 생활을 하면서, 장차 사교계에 나갈 만한 재산을 모으고 있다는 것이었다. 신부는 덧붙여 말했다.

"아주 마음이 좋은 청년이지요. 친절하고 예의바르기도 하고요. 그렇지만 여기서는 마땅히 재미있게 지낼 만한 곳이 없는가 봅니다."

"가끔씩 우리 집으로 데리고 오십시오."

하고 남작이 말했다. 그리고 화제는 다른 것으로 옮겨졌다.

모두들 객실로 가서 커피를 마시고 나자, 신부는 남작과 함께 산책을 하러 정원으로 나갔다. 두 사람은 하얀 칠을 한 현관을 따라 천천히 걸음을 옮겼다. 문득 신부는 밤하늘의 맑은 달을 쳐다보면서 말했다.

"이런 경치는 언제 봐도 싫증이 나지 않는군요."

그리고는 부인들에게 작별인사를 하기 위해 집 안으로 들어갔다.

장 드 라마르 자작

다음 일요일, 아델라이드 부인과 잔은 신부에 대한 존경의 마음을 안고 미사에 참석했다. 두 모녀는 미사가 끝난 뒤, 신부를 목요일 점심식사에 초대하려고 기다리고 있었다.

이윽고 신부는 키가 크고 늠름하게 생긴 한 청년과 팔짱을 끼며 나왔다. 두 여인을 보자 신부는 기뻐 놀라는 얼굴로 소리쳤다.

"마침 잘됐군요! 남작 부인, 그리고 잔 아가씨, 이번에 새로 이웃이 된 라마르 자작을 소개하겠습니다."

자작은 여성들에게 호감을 끌 만한 멋진 외모를 지니고 있었다. 까만 고수머리가 햇볕에 그은 이마를 덮었고, 그린 듯한 굵은 눈썹은 검은 눈을 더욱 깊숙하고 부드럽게 보이게 했다. 짙고 긴 속눈썹은 그의 시선에 정열을 깃들게 해 주었고, 윤기가 나는 짙은 수염은 약간 딱딱해 보이는 턱을 가리고 있었다. 그들은 서로 인사를 나누고는 헤어졌다.

라마르 자작은 이틀 후 처음으로 남작네 집을 방문했다. 그 날 아침에 남작네 식구들은 객실의 창 앞에 서 있는 커다란 플라타너스 아래

벤치를 내다놓고 쓸 만한가를 의논하고 있었다.

자작은 그 고장에 관한 이야기를 꺼냈다.

"혼자 여기저기 거닐어 보니 아름다운 곳이 많더군요."

때때로 그의 눈은 우연인 양 잔의 눈과 마주쳤다. 잔은 이 갑작스러운 시선에 이상한 느낌을 받았다.

남작은 원래 비사교적이여서 이 근처의 귀족 가문을 전혀 몰랐다. 그래서 라마르 자작에게 그들에 관해 물었다.

"이 부근엔 귀족이 별로 많지 않죠."

하고 라마르 자작이 대답했다. 그것은 마치 '이 지방에는 토끼가 많지 않습니다.'라고 말하는 것과 같은 말투였다. 그리고 자세하게 이야기하기 시작했다.

자작은 작별인사를 할 때, 다른 사람들한테보다 더욱 공손하고 부드러운 눈빛을 잔에게 보냈다.

남작 부인은 그가 매력적이고, 나무랄 데 없는 좋은 사람이라고 자작을 칭찬했다. 남작도 부인의 말에 맞장구를 쳤다.

"정말 그래. 확실히 품위 있는 젊은이 같더군."

다음 주일에 자작은 저녁 만찬에 초대되었다. 그 후 그는 규칙적으로 남작네 집을 찾아오게 되었다. 대개 오후 4시쯤 와서는, 아델라이드 부인의 '운동'을 도와주었다. 때로는 잔도 남작 부인을 반대편에서 부축해 주었다. 세 사람은 함께 큰길을 천천히 왔다갔다하는 것이었다.

자작은 잔에게 말을 걸지는 않았지만, 까만 비로드와 같은 그의 눈은 잔의 눈과 곧잘 마주쳤다. 라마르 자작과 잔은 이따금 남작과 함께 이포르 마을에 내려가기도 했다.

어느 날 저녁 세 사람이 해변가를 산책하고 있을 때, 라스티크 영감이 이들에게 다가와서 말했다.

"남작 나리, 이 바람이라면 내일 에트르타까지 나가도 충분히 돌아올 수 있을 겝니다."

잔은 손뼉을 치며 좋아했다.

"가도록 해요, 아빠!"

남작은 라마르를 돌아보며 말했다.

"자작은 어떻습니까? 거기 가서 점심이나 먹읍시다."

그 자리에서 계획은 곧 세워졌다.

다음 날, 남작과 잔은 이슬 젖은 들과 새 소리로 가득 차 있는 숲을 지났다. 자작과 라스티크 영감은 닻줄 위에 걸터앉아 두 사람을 기다리고 있었다. 다른 어부 두 사람이 떠날 준비를 거들고 있었다. 어부들은 어깨를 뱃전에 대고 힘껏 배를 밀었다. 자갈 깔린 평평한 바닷가 위로 배를 밀어낼 때는 힘이 들었다. 라스티크 영감은 어부들이 힘을 모을 수 있도록 목청을 길게 뽑아 장단을 맞추었다.

가까스로 바닷가 비탈에 이르자 배는 둥글둥글한 자갈 위를 미끄러져 내려갔다. 모두들 배에 올라 자리를 잡았다.

바다에서 끊임없이 불어오는 산들바람이 물 위에 잔물결을 일으켰다. 이윽고 돛이 오르자, 배는 조용히 흔들리면서 바다로 나아갔다.

잔은 한 손으로 뱃전을 잡고 있었는데, 파도에 흔들려서 다소 뱃멀미가 나서 먼 데를 바라보고 있었다. 그녀는 온갖 창조물 중에서 빛과 하늘과 물, 이 세 가지가 가장 아름답다고 생각했다.

모두 입을 다물고 있었다. 키와 닻줄을 잡은 라스티크 영감은 이따금 자리 밑에 숨겨 둔 술병을 꺼내서 병째로 들이마시고 있었다. 그리고는 파이프로 쉴 새 없이 담배를 피워 대는데 그것은 영원히 불이 꺼지지 않을 듯싶었다. 파이프에서 끊임없이 한 줄기 푸른 연기가 실처럼 피어오르고, 또 입에서도 같은 연기가 흘러나오고 있었다. 아무도 이 어부가 흑단보다 더 검은 사기 파이프에 다시 불을 붙이거나 담배를 갈아 넣는 걸 본 사람은 없었다. 이따금 한쪽 손에 파이프를 뽑아 들고는 바다를 향해 갈색의 침을 탁 내뱉었다.

남작은 뱃머리에 앉아 라스티크 영감 대신 돛을 지켜보고 있었다.

잔과 자작은 나란히 앉아 있었다. 둘 다 약간은 어색함을 느꼈지만, 알 수 없는 그 어떤 힘이 그들의 시선을 마주치게 했다. 함께 있다는 것에 두 사람은 행복을 느꼈다. 아마도 두 사람이 서로를 생각하고 있었던 까닭이리라.

어느덧 높이높이 솟아오른 태양은 거울처럼 매끄러운 바다 위에 찬란한 빛을 반사하기 시작했다.

이 풍경에 흠뻑 취한 잔은,

"아! 얼마나 고운 빛인가!"

하고 중얼거렸다.

"정말 아름답군요!"

하고 자작도 맞장구를 쳤다.

그 때 마치 바닷속을 걷고 있는 절벽의 두 다리처럼, 에트르타의 큰 활 모양의 문들이 나타났다. 에트르타는 배가 드나들 수 있는 정도의 높이로 아치를 이루고 있었다.

배가 해안에 닿자, 남작이 먼저 내려 배가 흔들리지 않도록 밧줄을 매었다. 그 동안 자작은 잔을 두 팔에 안아 육지에 내려놓았다.

해변의 조그만 주막에서의 점심은 무척 즐거웠다. 식탁에서 그들은 마치 휴식 시간을 만난 학생들처럼 마구 떠들며 웃었다.

커피를 마시고 나자 잔은,

"산책하러 가지 않겠어요?"

하고 말했다.

자작은 일어섰다. 그러나 남작은 자갈 위에서 볕을 쬐고 있는 편이 좋다고 말했다.

"다녀오도록 해라. 한 시간 후에 여기서 다시 만나지."

두 사람은 이 마을의 초가집 몇 채를 지나고, 농원처럼 보이는 귀족의 저택을 넘어 길게 뻗은 넓은 계곡으로 나섰다.

두 사람은 끝없이 들판을 달리고 싶은 충동에 사로잡혔다. 잔은 새로운 감정에 들떠서 귓속에서 윙윙거리는 소리가 나는 것처럼 느껴졌다.

흘러넘칠 듯한 햇살이 두 사람의 머리 위로 내리쬐고 있었고, 길 양쪽에 무르익은 농작물은 더위에 고개를 숙인 채 축 늘어져 있었다. 헤아릴 수 없이 많은 메뚜기 떼가 여기저기서 귀가 아프도록 계속해서 울어 대고 있었다. 그 밖에 뜨겁게 달아오른 하늘 아래에는 아무 소리도 없었다. 하늘은 눈부시게 푸른빛으로 반짝이고 있었다.

저 멀리 오른쪽에 자그마한 숲을 발견하고, 두 사람은 그곳으로 걸어갔다. 숲으로 들어가자 싸늘한 냉기가 두 사람을 엄습했다. 햇빛이 들지 않아, 풀이라곤 전혀 보이지 않았다. 이끼만이 땅을 덮고 있었다.

"아, 저기 쉴 만한 데가 있군요."

잔이 먼저 입을 열었다.

고목이 두 그루 쓰러져 있었다. 숲 사이의 뚫린 구멍으로 밝은 햇살이 쏟아져 들어와 땅을 따스하게 비추고 있었다. 잔디와 민들레, 풀덤불의 싹이 트고, 안개처럼 아련한 작은 흰 꽃과 물레 같은 고미초도 꽃을 피우고 있었다. 나비, 꿀벌, 왕벌, 커다란 모기, 빨간 점이 있는 무당벌레, 푸른빛을 띤 딱정벌레, 촉각이 달린 검은 벌레 등 가지가지 벌레들이 따스한 빛이 감도는 우물 안에 자리잡고 있었다.

따뜻한 햇살을 받을 수 있는 자리에 두 사람은 앉았다. 잔은 감격하여 몇 번이고 되풀이해서 말했다.

"기분이 너무 상쾌해요! 시골은 정말 아름다워요! 너무 아름다워서 저는 꽃 속에 숨는 벌레나 나비가 되고 싶을 때가 있어요."

두 사람은 서로에 대한 이야기를 나누기 시작했다. 각기 자신의 습관과 취미에 대해서, 흔히 사람들이 마음속의 이야기를 할 때 쓰는 나직하고 차분한 어조로 이야기했다. 자작은 진실하거나 성실한 것을 찾을 수 없는 사교계에 염증이 났고, 판에 박은 듯한 무미건조한 자신의 생활에도 싫증이 났다고 말했다. 잔은 사교계를 알고 싶기는 했지만, 전원생활이 훨씬 낫다고 확신하고 있었다.

두 사람은 남작이 있는 주막으로 되돌아왔다. 그러나 남작은 '처녀의 방'이라는 동굴을 향해 떠났기 때문에, 두 사람은 주막에서 남작을 기다리기로 했다.

저녁 5시, 남작이 돌아오자 모두들 다시 배에 올랐다. 뒤에서 부는 바람을 맞으며 배는 미끄러지듯 에트르타를 떠났다. 물결이 잔잔하여 배가 움직이는 것을 느끼지 못할 정도로 부드럽게 나아갔다. 탈 대로 타 버린 태양은 둥그런 원을 그리며 고요히 수평선에 다가오고 있었다.

잔이 갑자기 입을 열었다.

"전 여행을 하고 싶어요!"

"하지만 혼자서 하는 여행이란 쓸쓸하죠. 감동을 함께 나누기 위해서라도 최소한 두 사람이 같이 떠나는 것이 좋겠지요."

하고 자작이 대답했다.

잠시 생각에 잠기던 잔은,

"그래요. 하지만 저는 역시 혼자서 산책하는 것이 더 좋아요. 혼자서 공상에 잠겨 있을 때는 참 즐겁거든요."

라고 말했다.

자작은 오랫동안 그녀를 바라보고 나서 말했다.

"둘이서도 공상에 잠길 수 있습니다."

잔은 눈을 내리깔았다. 이것은 어떤 암시일지도 모른다. 그녀는 수평선 쪽으로 눈길을 돌렸다. 그리고는 나지막한 목소리로 말했다.

"전 이탈리아에 가 보고 싶어요. 그리스도……. 그래요, 그리스가 좋겠어요. 코르시카에도! 코르시카는 아름답고 소박한 곳일 거예요."

자작은 산장과 호수가 있는 스위스가 좋다고 했다.

"아녜요. 전 코르시카 같은 새로운 나라나, 그리스처럼 추억에 찬 유서 깊은 나라가 좋아요. 민족의 유적을 찾는다든가, 위대한 사적이 있는 장소를 구경한다는 것은 정말 근사한 일일 거예요."

하고 잔이 말했다.

자작은 차분하게 말했다.

"저는 영국에 대해서 많은 매력을 느껴요. 배울 점이 많은 나라죠."

두 사람은 세계 여러 나라에 대해서 이야기를 나누었다. 지구상에 흩어져 있는 많은 나라의 재미있는 풍습과 민족을 이야기하고, 세계에서 가장 아름다운 나라는 프랑스라는 결론에 이르렀다. 온화한 기후에, 전원은 풍요롭고 푸른 숲과 잔잔한 강이 흐르며, 거기에 아테네의 위대한 세기 이래로 어느 나라에도 없었던 미술의 숭배가 있다.

어느덧 태양은 더욱 기울어져 있었다. 바람 한 점 없는 바다 위에는 잔잔한 물결조차 일지 않았다. 황혼은 짧게 지나가고, 곧 별이 총총한 밤하늘이 펼쳐졌다. 라스티크 영감은 노를 젓기 시작했다.

잔과 자작은 나란히 앉아 달빛이 비추이는 은빛 물결을 바라보고 있었다. 두 사람은 막연히 먼 곳을 바라보며, 달콤한 행복감에 잠겨 있었다. 잔이 한 손을 의자에 짚고 있었기 때문에, 우연인 듯 자작의 손끝이 그녀의 살결에 와 닿았다.

그날 밤 침실에 들자, 그녀는 설레는 마음에 그냥 울어 버리고 싶은 기분이 들었다. 무엇에든지 입맞추고 싶었다. 잔은 오래 전에 책상 서랍 속에 낡은 인형을 감춰 두었던 것이 생각났다. 인형을 꺼내자 다정한 친구를 만난 듯 기뻤다. 가슴에 꼭 껴안아 보고는 인형의 볼과 곱슬곱슬한 머리에 미친 듯이 입을 맞추었다. 그리고는 두 팔에 인형을 안은 채 생각에 잠겼다. 친절하신 신께서 선택해 주시는 '나의 남편'이 바로 그 분일까? 나를 위해 태어나고, 내가 평생을 바치려는 그 분일까? 우리는 운명적으로 결합하여, 사랑의 열매를 맺을 두 사람인가?

잔은 자기의 정열이라고 생각하는, 마음속을 뒤흔드는 감정 같은 것을 아직 느껴 보지 못했다. 그러나 지금은 자작을 사랑하기 시작한 것 같았다. 그날 밤 잔은 잠을 이루지 못했다.

어느 날 남작은,

"내일 아침에는 좀 곱게 차려 입어라."

하고 딸에게 일렀다.

"왜 그러세요, 아빠?"

"그건 비밀이다."

하고 남작이 대답했다.

다음 날, 아래층에 내려가 보니 거실 테이블 위에는 과자 상자들이 놓여 있고, 의자 위에는 큼직한 꽃다발이 하나 놓여 있었다.

마차 한 대가 뜰로 들어섰다. '르 라 페캉의 과자점 제공. 결혼 피로연 식사'라고 씌어진 마차에서는 맛있는 냄새가 나는 큰 광주리가 계속해서 내려지고 있었다. 라마르 자작이 나타났다.

그의 바지는 예쁜 에나멜 장화 위에까지 내려가 있었다. 허리가 꼭 맞는 긴 연미복에, 앞가슴 사이로는 장식 레이스가 엿보였다.

잔은 자작의 복장에 어리둥절하여 빤히 바라보고만 있었다. 잔은 그가 머리끝에서부터 발끝까지 정말 멋있다고 생각했다.

자작은 상냥하게 미소를 지으며 허리를 굽혔다.

"준비는 다 되셨습니까?"

"준비라뇨? 그게 무슨 말씀이에요?"

하고 잔은 더듬거렸다.

"이제 곧 알게 될 거다."

하고 그녀의 아버지가 대답했다.

아델라이드 부인은 로잘리의 팔에 의지하여 내려오고 있었다.

로잘리는 라마르 자작의 모습에 온통 정신을 빼앗긴 듯이 보였다.

"자작. 우리 집 하녀가 당신을 무척 마음에 들어하는 것 같군요."

남작이 자작의 귀에다 낮게 소곤거렸다.

자작은 귀밑까지 빨개지며, 못 들은 체했다. 그리고는 큰 꽃다발을 들어 잔에게 안겨 주었다. 잔은 더욱 놀란 표정으로 그것을 받았다. 네 사람이 함께 마차에 올랐다.

이포르 마을에 들어서자 모두들 마차에서 내렸다. 마을을 지나갈 때마다 줄무늬가 있는 새 옷을 입은 어부들이 나와 남작과 인사를 하고, 악수를 나누면서 일행의 뒤를 따랐다.

자작은 잔에게 팔을 내밀면서 앞장을 서서 걷고 있었다. 성당 앞에 이르자 모두들 걸음을 멈추었다. 그러자 성가대의 한 소년이 은으로 만든 커다란 십자를 들고 나타났다.

바닷가에는 많은 사람들이 화환으로 장식한 새 배를 둘러싸고 기다리고 있었다. 돛대와 돛, 밧줄은 모두 리본들로 덮여 있었고, 배의 뒤쪽에는 '잔'이라는 글자가 금색으로 씌어 있었다.

남작에 의해 만들어진 이 배의 선장인 라스티크 영감이 행렬 앞에 선후, 사제가 자리한 배의 명명식이 거행되었다.

성가대의 노래는 5분 동안이나 '아멘'을 외치고 나서야 끝났다. 뒤

이어 신부는 라틴어를 몇 마디 중얼거렸지만, 사람들은 그 억양밖에는 알아들을 수가 없었다. 그러고 나서 성수를 뿌리면서 배의 주위를 한 바퀴 돌고는, 잔과 자작이 서 있는 곳으로 와서 기도를 하기 시작했다.

두 사람은 손을 맞잡고 가만히 있었다. 자작은 의젓한 태도를 잃지 않고 있었지만, 잔은 눈앞이 아찔해지고 온몸이 와들와들 떨렸다.

잔은 갑자기 자작이 처음에는 자기의 손을 가만히, 그 다음에는 좀 더 세게, 그리고는 으스러질 듯이 힘을 주어 잡고 있는 것을 깨달았다. 그리고는 아무도 눈치 채지 않게 또렷이 말했다.

"잔, 당신만 괜찮다면 이것이 우리의 약혼식이 되어도 좋습니다."

잔은 '네'라고 대답하는 것처럼 천천히 머리를 숙였다.

성수를 뿌리고 있던 신부가 그들의 손가락 위에도 몇 방울 떨어뜨려 주는 것을 마지막으로, 식이 끝났다. 여자들이 일어섰다. 돌아갈 때는 제각기 흩어져 갔다. 어부들도 삼삼오오 떼를 지어 빨리 걸어갔다.

레뢰플 저택에서는 맛있는 음식이 그들을 기다리고 있었다. 큰 식탁이 안뜰 사과나무 그늘 밑에 놓여지고, 60여 명 가량 되는 어부와 농부들이 거기에 앉았다. 한가운데 아델라이드 부인이 앉고 그 양편에는 이포르의 사제와 레뢰플의 신부가 각각 자리를 잡고 앉았다.

라마르 자작 옆에 앉아 있는 잔은 꿈속을 달리고 있었다. 그녀는 기쁨으로 머릿속이 혼란해서 입을 다물고 있었다.

그녀는 물었다.

"이름은 뭐라고 하시나요?"

"쥘리앵이라고 합니다. 아직 모르셨던가요?"
하고 자작이 말했다.

'쥘리앵, 쥘리앵, 앞으로 얼마나 자주 불러 볼 이름인가?'
하고 잔은 마음속으로 생각했다.

식사가 끝난 뒤, 아델라이드 부인은 남작의 팔에 의지하고, 두 신부의 보호를 받으며 운동을 시작했다. 잔과 쥘리앵은 관목숲까지 가서 풀이 무성한 오솔길로 들어갔다. 갑자기 자작이 그녀의 손을 잡고 말했다.

"내 아내가 되어 주시겠습니까?"

잔은 고개를 떨구었다.

"대답해 주십시오. 부탁입니다."

하고 쥘리앵이 간절히 말하자, 잔은 조용히 눈을 들어 자작을 바라보았다. 자작은 그 눈빛에서 대답을 읽을 수 있었다.

잔의 결혼

어느 날 아침, 남작은 딸의 침실에 들어와 말했다.

"라마르 자작이 너와 결혼하고 싶다는구나."

그녀는 이불 속에 얼굴을 감추고 싶었다.

남작은 이어서 말했다.

"조만간 대답은 주겠다고 했다만……."

잔은 감동으로 가슴이 답답해져, 숨을 쉴 수가 없었다.

다정하게 미소지으며 남작이 덧붙였다.

"네 의견을 알기 전에는 혼사를 결정하고 싶지 않았다. 네 어머니와 나는 이 결혼에 반대하지 않아. 하지만, 네게 강요할 생각도 없단다. 너는 상대방보다 훨씬 부유하지만, 행복이란 돈 같은 것에 구애받을 수는 없는 일이란다. 자작은 친척이라곤 아무도 없어. 그래서 만약 네가 자작과 결혼을 한다면 자작이 우리 집에 들어오는 셈이 되지만, 다른 사람과 결혼을 하게 되면 하나밖에 없는 딸인 네가 남의 집으로 가게 돼. 어떻게 생각하니, 잔?"

잔은 얼굴이 빨개져서 조그만 소리로 말했다.

"좋아요, 아빠."

그러자 남작은 딸의 눈 속을 들여다보고 웃으며 말했다.

"나도 네 마음을 짐작하고 있었지."

잔은 저녁때까지 자기가 무엇을 하는지 알지 못하는 사람처럼 하루를 보냈다. 저녁 6시쯤 어머니와 함께 플라타너스 밑에 앉아 있는데, 자작의 모습이 보였다. 잔의 심장은 마구 뛰기 시작했다. 자작은 먼저 아델라이드 부인의 손에 입을 맞추었다. 그리고는 잔의 떨리는 손에 입술을 갖다 대고 힘주어 키스를 했다.

이리하여 황홀한 약혼 시절이 시작되었다. 객실 한구석이나 황량한 들판을 앞에 두고 관목숲 속의 비탈진 곳에 앉아서 단둘이 이야기를 나누었다. 때로는 산책길을 걸으며 미래를 이야기하기도 했다.

결혼식은 8월 15일에 올리기로 하고, 신혼 여행으로는 잔이 늘 가 보고 싶어하던 코르시카로 정했다. 결혼식에는 리종 이모만을 초대하기로 했다. 그녀는 베르사유의 어느 수녀원에서 지내고 있었다.

남작 부인의 동생인 리종 이모는 이따금 잔의 식구들을 찾아와서 한두 달을 함께 보내기도 했다. 말이 없고, 키가 조그마한 여자로 언제나 식사때만 잠시 나타났다간 곧 자기 방으로 들어가 밖으로 나오지 않았다. 나이는 마흔두 살이었지만, 훨씬 늙어 보였고, 상냥하고 슬픈 눈매를 가지고 있었다. 그녀는 어렸을 때부터 예쁘지도 않고 장난도 하지 않았기 때문에, 아무도 그녀에게 관심을 가져 주는 사람이 없었다.

리종 이모는 잔이 결혼한다는 말에 너무도 기뻐서, 7월 중순경에 도착했다. 그녀는 잔을 위해 준비한 많은 선물을 함께 가져왔다. 그리고 곧 잔의 결혼 준비에 몰두했다. 그녀는 쉴새없이 자기가 손수 장식한 손수건과 글자를 수놓은 냅킨을 아델라이드 부인에게 보이면서 물었다.

"이만하면 괜찮을까요, 아델라이드 언니?"

그러면 아델라이드 부인은,

"너무 애쓰지 마라, 리종."

하고 대답했다.

맑은 밤하늘에 달이 높이 떠오른 어느 날이었다. 정원으로부터 부드러운 바람이 조용한 거실로 불어 들어오고 있었다. 보리수와 플라타너스가 각각 한 그루씩 넓은 잔디밭 위에 그림자를 드리우고 있었다.

잔은 남작과 아델라이드 부인을 돌아보며 말했다.

"아빠, 집 앞의 숲을 한 바퀴 돌고 오겠어요."

"다녀들 오려무나."

남작은 대수롭지 않게 대답하고 카드놀이를 계속했다.

잠시 후, 남작 부인은 침실로 올라가려고 일어나면서 말했다.

"애들을 그만 불러들이세요."

남작은 두 사람의 그림자가 움직이고 있는 정원을 한 번 둘러보고는,

"그냥 놔 둡시다. 바깥 경치가 무척 좋은걸. 리종에게 좀 남아서 기다리고 있으라고 합시다, 어때요, 리종?"

리종은 겁을 먹은 듯한 표정으로 조심스럽게 대답했다.

"네, 제가 기다리고 있겠어요."

남작은 아내를 부축해 침실로 올라갔다.

리종 이모는 털실과 뜨개바늘을 안락의자 팔걸이에 놓고는 창가로 가서 아름다운 밤의 풍경을 내다보았다. 두 약혼자는 관목숲 속에서 돌층계까지 잔디 위를 천천히 걸으면서 사랑 이야기를 계속했다.

"이제 그만 들어가요."

하고 잔이 말했다.

두 사람은 집 안으로 들어갔다.

리종 이모는 얼굴을 푹 숙인 채 뜨개질을 하고 있었다. 여윈 손가락은 피로한 듯 가늘게 떨리고 있었다. 잔이 이모 곁으로 가며 말했다.

"이모, 이제 자러 가야겠어요."

그녀는 얼굴을 들었다. 눈은 울고 난 뒤처럼 붉게 충혈되어 있었다. 그러나 사랑에 취한 두 약혼자는 미처 알아차리지 못했다.

쥘리앵은 잔의 구두가 밤이슬에 젖어 있는 것을 보고 물었다.

"당신의 그 작고 귀여운 발이 차갑지 않아요?"

그러자 갑자기 이모의 손이 세차게 떨리며, 털실 뭉치가 미끄러져 내렸다. 그리고 두 손으로 얼굴을 가린 채 흐느껴 울기 시작했다. 잔은 어찌할 바를 몰라 어리둥절한 목소리로 물었다.

"이모, 왜 그러세요? 왜 그러세요, 이모?"

리종 이모는 눈물 젖은 목소리로 더듬더듬 대답했다.

"저 사람이 너에게……. 차갑지 않느냐고 말했을 때, 아, 귀여운 작은 발이……. 나는 지금까지 그런 말을 한 번도 들어 본 적이 없단다. 나는……. 한 번도……. 단 한 번도……."

리종 이모는 갑자기 일어서더니 털실을 마룻바닥에 남겨놓은 채 등불도 들지 않고 어두운 계단 쪽으로 도망치듯 뛰어가 버렸다.

잔과 쥘리앵은 서로 마주 보며 서 있었다.

"가엾은 이모!"

하고 잔이 중얼거리자, 쥘리앵이 말했다.

"오늘 저녁엔 이모님에게 무슨 곡절이 있으신 것 같아요."

다음 날이 되자, 두 사람은 이모의 눈물 따위는 생각하지 않았다.

결혼식을 앞둔 두 주일 동안 잔은 줄곧 평온한 기분에 싸여 있었다. 드디어 결혼식 날이 되자, 잔은 오전 내내 온몸에 커다란 구멍이 뚫린 듯한 공허감을 느꼈을 따름이었다. 그리고 물건을 만질 때 자기의 손가락이 몹시 떨고 있음을 느낄 수 있었다.

성당 안에서 식이 진행되고 있는 동안에 잔은 가까스로 정신을 차릴 수 있었다. 결혼한 것이다! 잔은 모든 것이 몹시 혼란스럽고 놀라웠다. 새벽부터 지금까지 일어났던 일이나, 움직임이 꿈같이 생각되었다. 마치 어떤 문이 그녀의 앞에 열려져 있는 것 같았다. 그리고 그녀는 지금 그 문을 통해 바라고 있던 곳으로 들어가려 하는 것이다.

어느덧 식은 끝났다. 일동은 밖으로 나왔다. 이들이 성당 문턱을 나서자 요란한 소리가 나면서 잔과 아델라이드 부인을 놀라게 했다. 그것은 신랑과 신부를 축하하기 위해 농부들이 일제히 쏜 축포 소리였다. 그 소리는 그들이 레퓌플 저택에 도착할 때까지 그치지 않았다.

가족과 신부들과 촌장, 그리고 근처의 몇몇 지주들을 위해서 간소한 식사가 차려졌다. 식사를 하기 전 모두들 잠깐 산책에 나섰다. 사과나무 그늘 밑에서는 농부들이 사과주를 마시며 기쁨에 들떠 신나게 떠들고 있었다. 나들이옷을 차려입은 이웃 사람들이 뜰을 가득 메우고 있었다.

잔과 쥘리앵은 숲을 지나서 언덕으로 올라갔다. 커다란 태양이 짙푸른 하늘에서 내리쬐고 있었다.

두 사람은 오른편으로 돌아 들판을 가로질렀다. 이포르 마을로 내려가서 꾸불꾸불한 골짜기로 갈 생각이었다. 잡목숲 속으로 들어서자, 바람 한 점 없었다. 그들은 나뭇잎으로 우거진 오솔길로 접어들었다. 나직이 드리워진 나뭇가지들이 두 사람의 머리를 어루만졌다.

잔이 나뭇잎을 하나 따서 들여다보니, 딱정벌레 두 마리가 빨간 조개 껍데기처럼 잎 뒤에 붙어 있었다. 그녀는 천진스럽게 말했다.

"어머나, 부부인가 봐요."

쥘리앵은 잔의 이마와 솜털이 보송보송 난 목덜미에 키스를 퍼부었다. 그들은 숲 끝에 이르렀다. 그녀는 이렇게 먼 곳까지 온 것을 깨닫고

당황해서 걸음을 멈추었다.

"그만 돌아가기로 해요!"

잔이 말했다.

그들은 얼굴을 마주 보며 서 있었다. 그들은 서로의 눈빛을 바라보았다. 두 사람의 영혼이 하나로 얽혀 들어갈 듯한 날카로운 시선으로 각기 상대방의 시선에서, 말없는 질문을 던지며 서로를 탐색했다.

각각 상대방을 위해서 어떠한 사람이 될까? 둘이서 같이 시작하는 이 생활은 어떻게 펼쳐지게 되는 것일까? 긴 운명 속에서 어떤 환희와 행복이, 혹은 환멸이 기다리고 있을까?

그러자 두 사람은 처음 대하는 사람처럼 서먹서먹한 느낌이 들었다. 갑자기 쥘리앵은 그녀가 한 번도 받아 보지 못한 뜨거운 키스를 했다. 그녀는 갑작스런 충격 때문에 뒤로 자빠질 뻔했다.

"그만 돌아가요, 네? 돌아가요!"

그녀는 조그만 소리로 중얼거렸다. 쥘리앵은 잔의 손을 꼭 잡았다. 그들은 집에 도착할 때까지 한마디도 나누지 않았다. 저녁이 될 때까지 남은 시간이 무척 길게 느껴졌다.

해질 무렵에 모두들 식탁 앞에 앉았다. 만찬은 노르망디 습관에 비하면 무척 간소하고 짧았다. 어쩐지 서먹한 공기가 손님들의 마음을 누르고 있었다. 두 신부와 촌장, 그리고 그 곳에 초대받은 네 사람의 소작인들만이 잔칫날의 흥겨운 기분을 내고 있었다.

사과나무 밑에서는 시골풍의 춤판이 벌어지고 있었다. 손님들은 창밖으로 이 풍경을 바라보았다. 포도주와 사과주가 담긴 큰 술통 두 개가 횃불에 둘러싸여 있었다. 식탁 위에는 빵이며 버터, 치즈, 소시지 등이 놓여 있었다.

사과나무 밑에서 벌어지고 있는 이 경쾌하고 흥겨운 놀이는 식당 안에 앉아 있는 손님들에게 한데 어울려 춤을 추고 싶은 마음이 저절로 들게 했다. 모두들 일어나서 객실로 갔다. 이윽고 초대받았던 사람들은 집으로 돌아갔다.

잔은 침실에서 로잘리의 도움을 받으며 옷을 갈아입고 있었다. 그녀는 낯선 땅으로 발을 옮기는 것 같은 생각이 들었다. 자기가 알고 있던 것, 자기가 소중히 여기고 있던 것으로부터 떨어져 다른 곳으로 떠나가는 듯한 기분이었다. '내가 과연 남편을 사랑하는 것일까?' 하는 생각마저 들었다.

그러자 갑자기 자기의 남편인 쥘리앵이 전혀 알지도 보지도 못한 이방인처럼 낯설게 느껴졌다. 석 달 전만 해도 자기는 그러한 사람이 있다는 것조차 몰랐는데, 지금은 그의 아내가 된 것이다. 마치 발밑에 뚫린 구멍에 빠져들듯이 어떻게 결혼 속으로 빠져 버린 것일까?

잠옷으로 갈아입은 잔은 침대 속으로 들어갔다. 약간 싸늘한 듯한 홑이불의 촉감이 느껴지자, 두 시간 전부터 그녀의 마음을 에워싸고 있던 고독감, 비애감이 한결 더해지는 듯했다.

가볍게 방문을 세 번 두드리는 소리가 들렸다. 잔은 몸이 오그라질 듯하여 대답을 하지 못했다. 다시 한 번 노크 소리가 나고, 이어서 문의 손잡이가 비틀리는 소리가 났다.

잔은 마치 도둑이 들어온 듯 이불 속으로 얼굴을 숨겼다. 가벼운 남자의 구둣발소리가 울리는가 싶더니, 갑자기 누군가가 그녀의 침대 위로 올라오고 있었다. 잔은 몸을 움찔하며 가냘픈 비명을 울렸다. 그리고 얼굴을 내밀어 보니 쥘리앵이 자기를 바라보고 있었다.

"놀랐잖아요."

이 말을 들은 쥘리앵이 되물었다.

"그럼 나를 기다리지 않고 있었소?"

쥘리앵은 의젓한 용모에 화려한 옷차림을 하고 있었다. 잔은 이렇게 단정하게 차린 남자 앞에서 누워 있는 자신이 몹시 부끄러웠다.

쥘리앵은 가만히 잔의 손을 잡아 키스를 하고는, 그녀의 침대 곁에서 무릎을 꿇고 작은 소리로 속삭였다.

"나를 사랑해 주겠소?"

잔은 레이스에 덮인 머리를 베개 위로 올리고 생긋 웃었다.

"이미 사랑하고 있어요."

쥘리앵은 곧 화장실 안으로 사라졌다. 옷 벗는 소리, 쩔렁거리는 동전 소리, 한 짝씩 벗는 구두 소리 등이 뚜렷하게 들려왔다.

쥘리앵이 다시 방으로 들어오자, 잔은 재빠르게 돌아누웠다. 그러나 남편은 그녀를 껴안고는 놓아 주지 않았다.

잔은 왠지 불안한 생각에 사로잡혀 몸을 움직일 수 없었다. 쥘리앵은 겁에 질린 잔을 난폭하게 다루었다. 그 다음에 무슨 일이 일어났는지는 기억나지 않았다. 다만 쥘리앵이 무엇인가를 자기에게 말했고, 그녀도 뭐라고 대답을 했던 것 같다. 이윽고 쥘리앵은 잠이 들었다.

그녀는 생각했다. 여태껏 꿈꾸어 왔던 희망과 기대가 모두 절망으로 바뀌는 듯한 슬픔을 느끼며, 조용히 중얼거렸다.

"이것이 저 사람의 아내가 된다는 것이었구나! 이런 것이……."

잔은 절망에 잠겨서 한참 동안이나 꼼짝하지 않고 있었다. 쥘리앵에게로 천천히 고개를 돌렸다. 남편은 자고 있었다! 입을 반쯤 벌리고 태연스럽게 잠들어 있었다. 잠을 자고 있는 것이다!

잔은 믿을 수가 없었다. 갑자기 남편이 잠들어 있다는 사실에 모욕감과 분노가 치밀어 올랐다. 그녀는 자기가 하찮은 여자처럼 다루어진 것에 큰 슬픔을 느꼈다.

어느덧 날이 밝아왔다. 쥘리앵은 눈을 뜨고, 하품을 하며 기지개를 켰다. 그리고는 아내를 바라보고 웃으면서 말했다.

"여보, 잘 잤소?"

'여보'라는 소리를 듣고 잔은 깜짝 놀랐다.

"잘 잤어요. 당신도 잘 잤어요?"

쥘리앵은 곧 대답했다.

"아, 나, 나는 정말 잘 잤소!"

그리고는 잔에게 이것저것 이야기하기 시작했다. 먼저 경제 관념에 입각한 앞으로의 생활방침을 늘어놓았다. 잔은 몇 번씩 되풀이되는 이 경제라는 말에 놀랐다. 그녀는 그가 하는 말의 의미는 모르면서도 그 말에 귀를 기울이며 남편을 바라보았다. 시계가 8시를 울렸다.

"자, 일어납시다. 너무 늦게까지 잠자리에 있으면 남들에게 우습게 보일 테니까요."

이렇게 말하며 쥘리앵은 먼저 침대에서 일어나 옷을 갈아입었다. 그리고는 상냥하게 아내의 몸차림을 하나하나 거들어 주었다.

그는 방을 나가려다 말고, 아내를 붙들고 이렇게 일렀다.

"잘 알고 있을 테지만, 우리 둘이 있을 때는 터놓고 '여보'라고 불러도 상관없어요. 하지만 부모님 앞에서는 얼마 동안 삼가는 것이 좋겠소. 신혼 여행에서 돌아온 후라면 자연스럽고 괜찮을 거요."

그 날 하루도 여느 때와 다름없이 그대로 지나갔다. 단지 집 안에 남자가 하나 더 늘었을 뿐이었다.

신혼 여행

나흘 뒤, 이들 신혼 부부를 마르세유까지 싣고 갈 사륜 마차가 도착했다. 잔은 남편과의 생활에서 다시 아름다움을 발견하게 되었고, 사랑과 행복을 느끼자 즐거워졌다.

마차가 떠나려고 할 때, 아델라이드 부인은 잔의 손에 납덩이처럼 묵직한 지갑을 쥐어 주었다.

"이제 이것저것 자질구레하게 쓸 데가 많을 테니, 갖고 있어라."

잔은 그것을 호주머니에 넣었다.

저녁때가 되자 쥘리앵은 잔에게 물었다.

"어머니께서 그 지갑에 얼마나 넣어주셨소?"

잔은 지갑에 대해서는 생각도 하지 않고 있었던 것이다. 그래서 그 돈지갑을 열어 무릎 위에 쏟았다. 2천 프랑이었다.

"마음껏 쓸 수 있겠어요."

잔은 무척 기뻐하며 금화를 지갑 속에 다시 집어넣었다.

무더운 더위 속에서 일주일이나 걸려 그들은 마르세유에 도착했다. 그 이튿날에는 아작시오를 거쳐서 나폴리로 향하는 우편선 루이왕 호가 두 사람을 싣고 코르시카로 향했다.

코르시카 섬! 밀림! 산적! 산 너머 산! 나폴레옹의 고국! 잔은 현실에서 빠져나와 눈뜬 채로 꿈속으로 들어가는 것만 같았다.

두 사람은 갑판 위에 나란히 서서 프로방스 지방의 절벽들이 지나가는 것을 바라보고 있었다.

"라스티크 영감의 배로 소풍갔었던 일 기억나요?"
하고 잔이 묻자 쥘리앵은 대답 대신 잔의 귀에 살며시 키스를 했다.

증기선의 바퀴가 깊이 잠들어 있는 바다를 깨우는 듯 물결을 솟구쳐 올리고 있었다. 그리고 배의 뒤로 거품이 이는 굵은 은빛 물줄기가 눈이 미치는 데까지 똑바로 뻗어서, 배가 지나온 길을 보여 주고 있었다.

저녁이 되었다. 조용한 환희와 평화가 깃들인 행복스러운 저녁이었다. 바람 한 점 불지 않고 잔물결도 일지 않았다. 태양은 저 먼 곳 아프리카 쪽으로 고요히 지고 있었다.

두 사람은 선실로 들어가기가 싫었다. 그래서 갑판 위에서 서로 기대어 망토를 걸친 채 누웠다. 쥘리앵은 곧 잠이 들었다. 그러나 잔은 낯선 풍경에 흥분되어 좀처럼 잠을 이룰 수가 없었다. 잔은 푸른 하늘에 가득 떠 있는 별무리들을 바라보았다. 그 별들은 물에 젖은 듯 환한 빛을 발하면서 밝게 반짝이고 있었다.

잔은 새벽녘에야 겨우 잠이 들었다가, 시끄러운 소리와 사람들의 북새통에 눈을 떴다. 선원들이 노래를 부르며 갑판을 청소하고 있었다.

잔은 아직껏 잠들어 있는 쥘리앵을 깨웠다.

소금 냄새가 물씬 풍기는 아침 공기를 마음껏 들이마시자, 공기가 손끝까지 스며드는 것 같았다. 보이는 것이라곤 온통 바다뿐이었다.

이 때, 배의 앞쪽에 무언지 알 수 없는 잿빛의 물체가 보였다. 끝이 뾰족뾰족하고, 이상한 모양의 구름이 겹쳐 파도 위에 놓여진 것 같았다.

곧 해가 떠오르자 험준한 산봉우리로 둘러싸인 코르시카 섬 모습이 보였다.

키가 작고, 나이가 든 선장이 갑판에 나타났다. 선장은 오랜 세월을 거센 바람 속에서 고함을 지르느라 쉬어터진 목소리로 잔에게 말했다.

"냄새가 납니까? 저 녀석의 냄새가?"

어디선가 강렬하고 야생적인 향기를 풍기는 식물의 냄새가 나는 것 같았다. 선장은 말을 이었다.

"부인, 이것은 코르시카 섬이 풍기는 냄새예요. 20여 년의 세월을 떠나 있다가도, 이 코르시카의 10리 밖 바다까지만 와도 저는 이 냄새를 맡을 수가 있지요. 저는 코르시카 출신이에요. 그분도 저기 저 세인트헬레나 섬에서 고향의 향기에 대해서 늘 이야기하신다더군요. 그분은 저의 친척 되시는 분이기도 하지요."

말을 마친 선장은 모자를 벗고 코르시카 섬을 향해 인사했다. 그리고 대서양 저 편 작은 섬에 갇혀 있는 그의 친척 나폴레옹 황제에게 경례했다. 잔은 몹시 감동해서 눈물을 글썽거렸다.

"저것이 상기네르입니다."

쥘리앵과 잔은 선장이 가리키는 먼 곳으로 눈길을 보냈다. 피라미드처럼 생긴 바위들이 보였다. 배는 얼마 안 가서 그 바위를 돌아 잔잔한 만으로 들어갔다. 만은 높은 봉우리들로 둘러싸여 있었다. 그 봉우리들의 밑부분은 온통 푸른 이끼로 덮여 있었다.

선장이 그 푸른 이끼로 덮인 부분을 가리키며 설명했다.

"밀림 지대입니다."

얼마 후, 하얀 마을이 나타났다. 몇 척의 작은 이탈리아 고기잡이배가 항구에 닻을 내리고 있었다. 루이왕 호 주위로 네댓 척의 작은 배들이 몰려와서 짐과 승객을 나르기 위해 왔다갔다 움직이고 있었다.

짐을 챙기고 있던 쥘리앵이 낮은 목소리로 아내에게 말했다.

"일꾼에게는 20수 정도만 주면 충분하겠지?"

지난 일주일 동안 쥘리앵은 늘 이 질문만을 되풀이했다. 잔은 그럴 때마다 괴로웠다. 그녀는 다소 짜증스럽게 대답했다.

"얼마나 줘야 좋을지 잘 모를 땐 약간 넉넉하게 주는 것이 좋아요."

쥘리앵은 여관집 주인이라든가 심부름꾼, 마차꾼, 혹은 장사꾼들과 끊임없이 실랑이를 벌였다. 그리고 얼마쯤 값을 깎게 되면 두 손을 비비면서 잔에게 말하는 것이었다.

"나는 이유 없이 빼앗기는 것은 싫어."

잔은 계산서가 올 때마다 지나치게 따지려 드는 쥘리앵의 행동에 몸서리가 쳐졌다. 잔은 그렇게 값을 깎으려고만 하는 남편이 창피스러웠고, 그런 쥘리앵을 볼 때마다 귀밑까지 빨개지고는 했다. 쥘리앵은 루이왕 호에서부터 육지까지 실어다 준 뱃사공과도 말다툼을 벌였다.

그들은 화덕처럼 푹푹 찌는 더운 이 마을에서 사흘을 보냈다. 그리고 나서 여행 계획을 세우고, 튼튼해 보이는 말 두 마리를 빌렸다. 눈에 생기가 넘쳐 보이는 날씬하고 조그마한 코르시카종 말을 두 마리 빌려서 어느 날 새벽에 길을 떠났다. 안내인이 식료품을 싣고 두 사람을 뒤따랐다. 이 시골 지방에서는 주막 같은 건 없었기 때문이다.

길은 해안을 따라가다가, 큰 산맥으로 통하는 골짜기로 들어갔다. 때때로 물이 흐르지 않는 마른 골짜기를 지났다. 아직 갈지 않은 땅은 벌거숭이처럼 보였고, 산기슭은 찌는 듯한 더위에 누렇게 변해 버린 풀들로 덮여 있었다.

이따금, 걷거나 혹은 말을 타고 지나가는, 산 속에서 사는 사람들을 만나기도 했다. 섬을 뒤덮고 있는 향나무의 진한 향내가 짙게 퍼져 있어, 공기를 한층 무겁게 했다. 길은 산맥의 골짜기 사이로 완만한 경사를 이루면서 올라가고 있었다.

때때로 안내인은 높고 험난한 길을 가리키며, 각각의 이름을 가르쳐 주었다. 그러나 잔과 쥘리앵의 눈에는 어떤 것인지 알 수가 없었다. 마침내 무엇인가 잿빛이 도는 것이 눈에 띄었다. 그것은 마을이었다.

천천히 걸어가는 긴 여행에 잔은 조금씩 지루해졌다.

"좀 달릴까요?"

잔은 말에 채찍을 가했다.

쥘리앵의 말굽 소리가 들리지 않아 뒤를 돌아 본 잔은 허리가 끊어질 것 같이 웃음을 터뜨렸다. 쥘리앵은 얼굴이 새파래져서 말갈기에 매달려 달려오고 있었다. 그의 잘생긴 얼굴은 어색한 몸짓과 새파랗게 질린 표정을 더욱 우스꽝스럽게 만들고 있었다. 두 사람은 다시 천천히 말을 몰았다.

길은 어느덧 잡목숲 사이로 끝없이 뻗어나 있었다. 이것이 소위 밀림이었다. 발을 들여놓을 수조차 없을 정도로 빽빽한 나무숲이었다. 참나무와 노간주나무, 소귀나무, 유향나무, 알라테른, 히스, 월계수, 도금양, 회양목 등이 서로 어울려 있었다.

두 사람은 배가 고팠다. 안내인은 이 신혼 부부를 아름다운 샘으로 인도했다. 가느다란 물줄기가 바위틈에서 끊임없이 흘러나오고 있었다. 잔은 너무 기뻐서 환호성을 올렸다. 일행은 다시 출발했다. 그리고 사곤만을 돌아 내려갔다.

저녁 무렵에는 카르제즈를 지나갔다. 이 마을은 옛날 고국에서 추방당한 망명객이 세운 그리스 인 마을이었다.

피아나에 도착하고 보니 이미 날이 저물어 이 곳 촌에서 하룻밤을 청하지 않으면 안 될 형편이었다. 쥘리앵이 문을 두드리고 있는 동안, 잔은 너무나도 행복한 기쁨에 몸이 떨렸다. 아! 이것이야말로 진짜 여행이다!

그 집의 주인 부부도 젊은 사람들이었다. 두 사람은 이 벌레먹은 낡은 집 안에 쌓여 있는 옥수수 껍질 위에서 잤다.

그들은 해뜰 무렵이 되자 바로 출발했다. 얼마 안 가서 그들은 붉은 화강암 숲에 다다랐다. 그것은 비바람과 바다의 짙은 안개로 뾰족뾰족 깎여서 여러 가지 형태를 이루는 등, 갖가지 신기한 기암괴석이 많은 숲이었다. 가는 것, 굵은 것, 뒤틀린 것 등, 3백 미터나 되는 높이로 하늘을 향해 뻗어 있었다.

조금 더 가서, 그들은 붉은 화강암으로 둘러싸인 해안을 발견했다. 푸른 바다 위에는 바위의 붉은 그림자가 떠 있었다.

"아아, 쥘리앵!"

잔은 감격에 사로잡힌 채 다른 말이 나오지 않았다. 눈에서는 두 줄기 눈물이 흘러내렸다.

쥘리앵은 어리둥절해서 잔을 바라보며 물었다.

"왜 그래, 당신?"

잔은 눈물을 닦고, 웃으면서 떨리는 목소리로 말했다.

"아무것도 아니에요. 너무 행복해서 작은 일에도 흥분이 돼요."

쥘리앵은 이러한 흥분이 쉽게 이해가 가지 않았다. 잔이 흘리는 이런 눈물도 그에게는 우습게만 보였다. 그래서 길이 험한 것에만 신경을 쓰며 잔에게 말했다.

"말에나 신경을 쓰는 것이 좋겠어."

그들은 오타의 그늘진 계곡으로 오르기 위해 길을 잡았다. 산길은 몹시 험해 보였다.

"걸어서 올라가는 게 어때?"

하고 쥘리앵이 말했다.

잔은 물론 대찬성이었다. 이러한 감격을 받고 나서 남편과 단둘이 함께 걸을 수 있다는 것이 너무나 기뻤다. 안내인이 먼저 앞장서서 노새를 이끌며 가고, 두 사람은 천천히 그 뒤를 따랐다.

산꼭대기에서 밑에까지 두 개의 산 사이에 산길이 나 있었다. 그 옆으로는 큰 물줄기가 흐르고 있었다. 공기는 서늘하고, 아득히 위로 보이는 푸른 하늘은 현기증을 일으키게 했다.

갑자기 무언가 푸드덕 하는 소리에 잔은 깜짝 놀랐다. 쳐다보니 큰 새 한 마리가 구멍에서 날아오르고 있었다. 독수리였다. 그 새는 큰 날개를 활짝 펼치고 갈라진 산의 양쪽 벽을 스치듯 지나 사라져 버렸다. 좀더 안으로 들어가자, 산길은 더욱 가파르고 구불구불하게 골짜기 사이를 기어올라가고 있었다.

잔은 가볍고 활발하게 앞장서서 걸었다. 자갈을 굴리기도 하고, 겁도 없이 낭떠러지를 내려다보기도 했다. 그러나 쥘리앵은 숨을 헐떡거리며 현기증이 날까 두려워 땅만 내려다보며 잔의 뒤를 따랐다.

갑자기 햇빛이 그들을 비추었다. 지옥에서 빠져 나오는 듯한 기분이었다. 둘은 목이 탔다. 물이 있을 만한 곳을 더듬어 가니, 작은 샘이 나타났다. 샘 주위는 양탄자를 깐 듯 푸른 이끼로 덮여 있었다.

잔은 무릎을 꿇고 물을 마셨다. 쥘리앵도 잔을 따라 물을 마셨다. 잔이 조용히 속삭였다.

"쥘리앵, 당신을 사랑해요!"

그들은 저녁 무렵이 되어서야 겨우 에비자에 있는 안내인의 친척 파올리 팔라브레티란 사람의 집에 도착했다. 팔라브레티는 키가 크고, 좀 구부정한 듯한 체형에, 폐병 환자 같은 음울한 안색을 한 남자였다.

그는 두 사람을 방으로 안내하며, 프랑스 말과 이탈리아 말이 마구 섞인 듯한 코르시카 말로 이들을 맞이한 기쁨을 이야기했다. 그 때 맑은 여자 목소리가 들렸다. 갈색 머리에 크고 검은 눈, 그리고 햇빛에 그은 살갗의 조그마한 여자가 흰 이를 드러내며 웃고 있었다. 그녀는 잔에게 키스를 하고 쥘리앵의 손을 잡고는 인사했다.

"안녕하세요, 부인! 안녕하세요, 나리. 고생들 하셨어요."

그녀는 한쪽 팔로 모자와 숄을 받아 정리했다. 다른 팔에는 붕대가 감겨져 있었다.

"저녁식사를 차릴 때까지 이 근방을 함께 산책하고 오세요."

팔라브레티는 부인의 말에 따라, 신혼 부부에게 마을을 구경시켰다.

그는 걸음도, 목소리도 질질 끌었다. 그리고는 자주 기침을 하면서 되풀이했다.

"골짜기에서 부는 찬바람이 자꾸 가슴속으로 들어온답니다."

팔라브레티는 큰 밤나무 밑의 오솔길로 두 사람을 안내했다. 그는 갑자기 걸음을 멈추더니 조용한 소리로 말했다.

"내 종형인 장 리날디가 마티외 로리에게 여기서 피살당했습니다. 저는 장 곁에 서 있었지요. 그 때 마티외가 열 발짝쯤 떨어진 곳에 나타났습니다. 그리고는 소리쳤어요.

'장, 알베르타스에 가지 않는게 좋아, 알았지? 만일 내 말을 듣지 않는다면 네 목숨을 빼앗아 버리겠다. 알았지? 내 말을 잊지 마라!'

저는 장의 팔을 잡고는 일러 주었습니다.

'가지 마, 저놈은 틀림없이 너를 죽이고 말 거야.'

그것은 두 사람 다 폴리나 시나쿠피라는 여자애를 사랑해서 쫓아다녔기 때문이었습니다. 그런데 갑자기 장이 큰 소리로 말했어요.

'그렇지만 나는 갈 거야, 마티외. 너 따위가 나를 방해하지는 못해!'

그러자 마티외는 총부리를 잠깐 숙이는가 싶더니, 미처 제가 총을 겨눌 사이도 없이 장을 향해 방아쇠를 당겼습니다. 장은 줄넘기하는 어린애처럼 껑충 두 발로 뛰어올랐습니다. 그리고는 곧장 내 몸 위로 떨어졌지요. 그 바람에 제 총은 손에서 떨어져 굵은 밤나무 밑으로 굴러갔습니다. 장은 입을 딱 벌리고 있었지만, 한마디도 말을 하지 못했습니다. 이미 숨이 끊어졌던 거지요."

이야기를 들은 잔과 쥘리앵은 놀라서 이 사나이를 쳐다보았다.

"그럼, 그 죽인 사람은 어떻게 됐어요?"

하고 잔이 물었다.

파올리 팔라브레티는 한참 동안 기침을 한 후 다시 말을 이었다.

"산으로 도망쳤어요. 하지만, 그 이듬해 저의 형 손에 목숨을 잃었지요. 산적이 된 필리프 팔라브레티라는 사람을 아실 겁니다. 바로 저희 형이지요."

잔은 깜짝 놀라 몸을 떨었다.

"당신의 형이 산적이라고요?"

아무 흔들림도 보이지 않던 코르시카 인의 눈에 일순간 자랑스러운 빛이 떠올랐다.

"그렇습니다, 부인. 그는 이름을 떨친 사나이였죠. 형은 여섯 명의 헌병을 때려눕혔어요. 니올로에서 6일 동안이나 싸운 뒤에 포위당하자 결국엔 스스로 목숨을 끊었답니다."

그러고 나서 내뱉는 듯한 말투로 덧붙였다.

"이 지방에서는 흔히 있는 일이지요."

그들은 모두 되돌아가 식사를 했다. 코르시카 인의 아내인 몸집이 작은 여인은 이 신혼 부부에게 마치 20년 전부터 알고 있는 친지를 대하듯이 친절했다. 그날 밤, 쥘리앵과 단둘이 있게 된 잔은 사랑과 행복 속에서 밤을 보낼 수 있었다.

다음 날 출발 때가 되자 잔은 자기에게 새로운 행복을 알게 해 준 이 오막살이 집을 떠나야 하는 것이 섭섭했다. 그녀는 자기 방으로 팔라브레티의 아내를 불러 감사하는 마음으로, 파리에 가면 꼭 선물을 보내겠다고 말했다. 팔라브레티의 아내는 받지 않아도 좋다고 여러 번 사양을 했지만, 결국 잔의 뜻을 받아들이기로 했다.

"그렇다면 작은 권총을 하나 부쳐 주세요. 아주 작은 것으로."

잔은 눈이 휘둥그레졌다. 코르시카 인의 아내는 비밀을 털어놓듯, 그녀의 귀에다 입을 대고 낮은 목소리로 말했다.

"시동생을 죽이려고 그래요."

그녀는 웃으면서 한쪽 팔의 붕대를 재빨리 풀고, 칼자국이 있는 희고 포동포동한 팔을 내보였다.

"내가 시동생만큼 힘이 세지 않았더라면 벌써 죽었을 거예요. 저의 남편은 질투 같은 건 하지도 않고, 언제나 나를 잘 이해해 주죠. 남편은 몸이 좋지 않아요. 하지만 전 행실이 바른 여자랍니다. 시동생은 남들이 떠드는 말을 듣고는 절 헤치려 하죠. 이런 일이 또 일어날 거예요. 그러니까 작은 권총 하나만 있으면 안심할 수 있어요."

잔은 권총을 보내 주겠다는 약속을 하고는, 새로 사귄 이 친구에게 부드럽게 입을 맞추었다.

그 후부터 남은 여행은 꿈속처럼 행복하기만 했다. 잔의 눈에는 풍경도 사람도 아무것도 들어오지 않았다. 그녀에게 보이는 것이라고는 오직 쥘리앵뿐이었다.

바스티아에 도착하자 안내인에게 돈을 지불해야 했다. 쥘리앵은 호주머니를 전부 뒤져 보고는 안내인에게 줄 만한 돈이 없자 잔에게 말했다.

"어머니께서 주신 2천 프랑이 당신에겐 소용없을 거야. 그러니 내게 맡기는게 어때? 내가 가지고 있는 것이 더 안전하고, 또 나도 돈을 거스르지 않아도 될 테니까."

잔은 지갑을 남편에게 맡겼다.

두 사람은 리부른으로 가서 플로렌스, 제노바를 구경하고, 이어서 코르니슈를 둘러보았다. 그리고 북동풍이 부는 어느 날 다시 마르세유로 돌아왔다. 레페플 저택을 떠난 뒤 두 달이 지난 10월 15일이었다.

잔은 아득히 먼 노르망디로부터 세찬 찬바람이 불어오자 마음이 퍽 쓸쓸해졌다. 쥘리앵은 얼마 전부터 사람이 달라진 듯 피곤한 표정이었고, 모든 일에 무관심해졌다. 잔은 별 이유도 없이 그에게서 두려움을 느꼈다. 그래서 햇볕이 따스한 이 지방을 떠나는 것에 망설이면서 나흘 정도 더 머물렀다. 마침내 그들은 마르세유를 떠났다.

레푀플에서 사용하게 될 살림살이들은 파리에서 사기로 되어 있었다. 잔은 어머니가 준 용돈으로 가지가지 좋은 물건을 사가지고 갈 생각을 하자 마음이 들떴다. 그러나 무엇보다도 그녀가 생각한 것은 에비자의 그 젊은 코르시카 여인에게 부쳐 주기로 한 작은 권총이었다.

파리에 도착한 다음 날 잔은 쥘리앵에게 말했다.

"여보, 물건을 좀 사야 돼요. 그 때 당신에게 맡긴 돈을 주시겠어요?"

쥘리앵은 못마땅한 표정으로 아내를 돌아보며 말했다.

"얼마나?"

잔은 어리둥절해서 머뭇거렸다.

"글쎄요……. 주고 싶은 만큼 주세요."

"백 프랑만 주겠소. 마구 쓰지 말고 아껴서 써요."

잔은 기가 막히고 어처구니가 없어 아무 말도 할 수가 없었다. 그녀는 한참을 망설이다 겨우 더듬거리며 말했다.

"그렇지만 내가 그 돈을 맡긴 것은……."

쥘리앵은 잔의 말을 가로채면서 말했다.

"물론 그래. 하지만 당신 주머니에 있든 내 주머니에 있든 무슨 상관이겠어. 이제는 당신 것과 내 것을 함께 쓰는 사이인데. 그리고 돈을 안 주겠다는 것도 아니야. 봐, 이렇게 백 프랑을 주었으니까 말이요."

잔은 더 이상 말을 하지 않고 금화 다섯 개만 받았다. 더 달라는 말을 할 용기가 나지 않았다. 잔은 작은 권총밖에는 사지 못했다.

일주일 뒤에 그들은 레푀플을 향해서 길을 떠났다.

결혼 생활

벽돌 기둥이 한 줄로 늘어서 있는 하얀 문 앞에서 온 집안 식구들이 두 사람을 기다리고 있었다. 마차가 멎자, 그들은 오랫동안 포옹했다.

아델라이드 부인은 눈물을 흘리고 있었다. 잔도 감정이 복받쳐 눈물을 감출 수 없었다. 남작은 흥분하여 왔다갔다하며 어쩔 줄을 몰랐다.

하인들이 짐을 내리는 동안 식구들은 객실의 난로 앞에서 여행 이야기를 나누었다. 잔은 쉴새없이 이야기를 하기 시작해, 반 시간 만에 모든 이야기를 다 해 버렸다.

그리고 나서 잔은 짐을 풀었다. 로잘리도 흥분하여 그녀를 거들었다. 속옷과 겉옷 등 자질구레한 물건까지 모두 제자리에 정리해 놓자, 로잘리는 잔의 방에서 물러났다.

잔은 의자에 앉아 이제부터 무엇을 할 것인가를 생각해 보았다. 객실에서 졸고 있는 어머니 곁으로는 다시 내려가고 싶지 않았다. 산책이나 할까 하고 생각해 보았지만, 밖의 경치가 처량하게 느껴져 울적해졌다. 잔은 갑자기 아무것도 할 일이 없다는 것을 깨달았다. 그리고 앞으로도 영원히 할 일이 없을 것 같다는 생각이 들었다.

수도원 학교에서는 오직 미래에 대해서만 생각하고 꿈꾸는 데 시간을 보냈다. 미래에 대한 희망에 들떠서 시간이 어떻게 가는 줄도 모르게 흘러갔던 것이다.

그런데 그렇게 꿈꾸던 사랑이 곧 실현되고 말았다! 그리워하던 사람을 만나고, 서로 사랑하고, 그리고 불과 몇 주 만에 결혼을 했다. 그런 성급한 결혼이 으레 그렇듯이, 잔에게 반성과 깊이 생각해 볼 여유도 주지 않고 결혼 생활이 시작된 것이다.

그러나 이제, 신혼초의 감미로웠던 현실은 일상적인 현실이 되려 하고 있었다. 이 일상의 현실은 한없는 희망, 미지의 것에 대한 매혹적인 불안에 문을 닫는 것이었다. 기다린다는 것은 이제 모두 끝났다. 오늘도, 그리고 내일도, 아니 영원토록 잔은 아무것도 할 일이 없는 것이다. 잔은 자신의 꿈이 점점 허물어져 가는 것을 느꼈다.

잔은 일어나서 차가운 유리창에 이마를 대었다. 검은 구름이 떠도는 음산한 하늘을 얼마 동안 바라보고는 밖으로 나가 보기로 했다.

이것이 지난 5월과 같은 그 들, 그 숲, 그 나무일까? 햇살이 밝게 빛나던 그 나뭇잎들은 다 어떻게 되었을까? 민들레꽃이 귀엽게 피고, 빨간 양귀비와 산뜻한 빛으로 반짝거리던 마거리트꽃들, 노랑나비들이 넘나들던 이 잔디밭의 초록빛 시와 같은 풍경은 다 어디로 간 것일까?

넘칠 듯한 생명과 향기로움과 풍요로움으로 가득 찼던 대기가 이제는 흔적도 없이 사라져 버렸다. 가을비로 촉촉이 젖은 가로수길은 낙엽의 두꺼운 양탄자로 덮여 있었다. 잎이 다 떨어져 앙상하게 떨고 있는 포플러 나무 밑으로 그 가로수길이 나 있었다. 가느다란 긴 가지들은 몇 잎 남지 않은 잎사귀들을 바람에 흔들며 떨고 있었다.

잔은 그 관목숲으로 걸음을 옮겼다. 키 작은 나무들은 뼈만 남은 앙상한 가지들을 서로 부딪치고 있었다. 새들은 추위에 떠는 듯한 가냘픈 소리로 울며 보금자리를 찾아서 날아다녔다. 아직도 보리수와 플라타너스는 바닷바람을 막아 주는 느릅나무들의 보호를 받아 여름옷을 입고 있었다. 하나는 빨간 비로드, 또 하나는 오렌지색의 비단옷이었다.

잔은 어머니의 산책길을 거닐었다. 그리고 나서 쥘리앵이 처음으로 사랑을 고백했던 언덕으로 올라가 앉았다. 잔은 공상에 잠겨들었다. 그녀는 기운이 빠져 그 자리에서 조용히 잠들고 싶었다.

별안간 돌풍에 불려 하늘을 날아가는 갈매기가 보였다. 그러자, 저 멀리 코르시카 섬의 어둠침침한 오타 계곡에서 본 독수리가 생각났다. 그때는 무척 즐거웠다. 하지만, 이미 끝나 버린 추억들이 그녀의 가슴에 격렬한 떨림을 일으켰다. 문득 야생의 향기를 풍기는 오렌지와 뜨겁게 타오르는 태양, 장밋빛으로 물든 산봉우리, 파란 하늘처럼 마냥 푸르른 바닷가, 그리고 급류가 흐르는 코르시카 섬이 떠올랐다.

잔은 지금 그녀를 감싸고 있는 축축한 습기와 메마른 풍경에 울음이 터질 것만 같았다. 그녀는 집 안으로 들어갔다. 어머니는 벽난로 옆에서 꾸벅꾸벅 졸고 있었다. 아버지와 쥘리앵은 밖으로 나가고 없었다.

얼마 안 되어 남작과 쥘리앵이 들어왔다. 캄캄한 방에 들어서자마자 남작은 초인종을 누르면서 외쳤다.

"빨리 등불을 좀 켜라, 너무 어둡구나."

그리고 그는 난로 옆에 앉았다. 머리칼이 불꽃 옆에서 김을 내고, 구두 바닥에서는 불에 마른 진흙이 떨어지고 있었다.

"기온이 차가워지는데. 얼음이 얼겠어. 북쪽 하늘이 밝아오고 있군! 오늘 저녁은 보름달이야, 오늘밤은 몹시 춥겠는데."

그리고는 딸에게로 향하면서 물었다.

"그래 어떠냐? 이 늙은이들한테로 다시 돌아오니까 기쁘냐?"

이 한 마디 질문에 잔의 마음이 흔들렸다. 그녀의 눈에 눈물이 가득 해지더니 아버지의 품안으로 뛰어들며 키스를 했다. 잔은 애써 쾌활한 표정을 짓고 싶었지만 자꾸 슬퍼지기만 했다.

저녁식사는 오래 걸렸다. 하지만 아무도 이야기를 꺼내지 않았다. 쥘리앵은 아내의 존재 따위는 잊고 있는 것 같았다.

식사 후 잔은 객실 난롯가에서 잠이 들어 버린 어머니 옆에 앉아서 졸고 있었다. 그러다가 두 남자의 이야깃소리에 눈을 떴다.

난롯불이 활활 세차게 타닥타닥 소리를 내며 타고 있었다. 남작은 웃으며 불길 앞으로 다가와 손을 쬐며 말했다.

"오늘 밤은 불길이 참 좋구나. 얼음이 얼었어. 밖은 몹시 춥단다."

그리고는 한 손을 잔의 어깨 위에 올려놓고 난로를 가리키며 말했다.

"애야, 이것이 세상에서 제일 좋은 거란다. 식구들이 모여 앉은 난롯 가가 말이야. 이보다 더 좋은 것이란 없지. 자, 그만 들어가서 자는 것이 어떻겠니? 너희들 모두 피곤할 테니까."

잔은 침실로 올라와서 생각했다.

'내가 늘 사랑하고 있는 이 곳이, 수도원에서 처음 왔을 때와 지금 여행에서 돌아왔을 때와 어쩌면 이렇게 달라 보일 수가 있을까? 왜 이렇게 상처받은 듯한 느낌이 드는 것일까? 어째서 이 집과 내 방, 그리고 내 가슴을 떨리게 하던 모든 것들이 오늘은 이렇게 가슴을 쓰라리게 만드는 것일까?'

잔은 문득 벽난로 위의 시계로 눈길을 돌렸다. 시계는 여전히 쉬지 않고 바삐 움직이고 있었다. 갑자기 잔은 그 작은 시계에 복받치는 애정이 솟아올랐다. 살아서 그녀에게 시간을 알려 주고, 노래해 주고, 심장처럼 뛰고 있는 생명체 같았다. 이 결혼 후 처음으로 잔은 홀로 침대에 누웠다. 쥘리앵은 피곤하다는 핑계로 자기 방으로 자러 갔다. 각자 방을 하나씩 갖기로 한 것은 결혼 전부터 정해 두었던 일이었다.

잔은 오랫동안 잠을 이루지 못했다.

다음 날 아침에는 침대를 비추는 밝은 햇살에 잠이 깼다. 유리창엔 온통 서리가 끼고, 붉게 물들어 있었다. 잔은 큰 실내복으로 몸을 감싸고 창가로 가서 문을 열었다. 쏘는 듯이 차가운 세찬 바람이 방 안으로 불어 들어왔다. 싸늘한 냉기가 느껴지자 그녀는 눈물이 흘렀다.

하늘에는 붉게 부풀어오른 태양이 수풀 사이로 떠올랐다. 땅은 새하얀 서리에 덮이고 꽁꽁 얼어서, 농부들이 그 곳을 지나갈 때는 바삭바삭 소리가 났다. 하룻밤 사이에 플라타너스와 보리수의 잎도 모두 떨어져 버렸다.

잔은 옷을 입고 밖으로 나갔다. 그리고 무언가를 해 보고 싶다는 생각에 소작인들을 찾아갔다. 마르탱 일가는 그녀를 반갑게 맞아들였다. 주인 여자는 잔의 뺨에 입을 맞추고는, 과일주를 억지로 마시게 했다. 다른 농장에 있는 쿠이야르 가족도 반가이 그녀를 맞아 주었다. 주인 여자는 그녀의 양쪽 귀에 수없이 입을 맞추며 아카시아 주를 권했다.

잔은 점심때가 다 되어서야 집으로 돌아와 식사를 했다.

이날 하루도 그 전날과 다름없이 지나갔다. 그리고 그 주의 다른 날도 이 날과 똑같았고, 그 달의 다른 주일도 첫 번째 주일과 똑같았다.

그러나 차츰 일상생활에서 생기는 잡다한 일에 대한 흥미와 관심이 다시 싹텄다. 그와 함께 무언가 알 수 없는 삶에 대한 환멸도 번지기 시작했다.

'나에게 필요한 것은 무엇일까? 나 자신이 바라는 것은 무엇일까? 요구하는 것은 무엇일까?'

그녀 자신도 알 수가 없었다. 쾌락과 목마름, 기쁨에 대한 갈망 들을 그녀가 바라는 것도 아니었다.

쥘리앵은 완전히 변해 버렸다. 연기를 끝낸 배우가 자기의 역할을 끝마치고, 평소 자신의 얼굴로 돌아오듯이 신혼 여행에서 돌아온 뒤부터 그는 전혀 딴사람이 된 것 같았다. 잔의 방으로 들어오는 일도 드물어졌고, 이제는 그녀에 대해 별반 관심을 보이지도 않았다.

쥘리앵은 재산과 집의 관리권을 손에 쥐었다. 소작료를 올리고, 소작인들을 들볶으며 비용을 절약했다. 쥘리앵은 시골 농부처럼 변해 갔다. 약혼 때의 우아했던 멋은 찾아볼 수 없었다. 수염을 깎지 않은 얼굴은 추해 보이기까지 했다. 또 식사 후에는 너무 많은 코냑을 마셨다. 잔이 몇 번이나 부드럽게 타일렀지만, 그 때마다 쥘리앵은 퉁명스럽게 쏘아붙일 뿐이었다.

"내 맘대로 하게 놔 둬."

잔은 더 이상 충고를 해 볼 용기가 나지 않았다. 지금 그녀에게 남편이란, 영혼과 마음을 굳게 닫은 남과 다를 것이 없었다.

'사랑해서 만나고 결혼한 두 사람이 갑자기 서로 남남이 되어 버린 것은 어찌된 일일까? 게다가 남편이 돌봐 주지 않는데도 어째서 마음의 고통이 느껴지지 않는 것일까? 두 사람은 상대방을 서로 잘못 알았던 것일까? 나는 이제 앞으로 아무것도 바랄 것이 없는 것일까?'

잔은 너무도 혼란스러웠다.

새해가 되면 신혼 부부만이 남고, 부모님은 루앙에 있는 집에서 몇 달을 지내기로 되어 있었다. 쥘리앵은 아내를 이웃 귀족들에게 소개하기로 했다. 보리즈빌, 쿠틀리에, 푸르빌의 세 집안이었다.

하지만 잔과 쥘리앵은 마차에 가문의 문장을 다시 그린 후에 이웃을 방문하기로 했다.

남작은 집안의 오래된 마차 한 대를 사위인 쥘리앵에게 물려주었다. 그러나 쥘리앵은 라마르 가문의 문장이 르 페르튀 데 보 문장과 함께 나란히 그려지기 전에는 나가지 않겠다고 고집을 부렸다.

노르망디 지방에는 문장을 전문으로 그리는 화공이 한 명밖에 없었다. 그래서 이 지방의 귀족 가문에서는 문에 멋있는 장식을 박기 위해 이 화공을 번갈아 가면서 불러들였다.

12월 어느 날 아침 식사가 끝날 무렵에 한 남자가 찾아왔다. 등에 상자를 하나 둘러멘 그 남자의 이름은 바타유였다. 바타유가 식사를 하는 동안, 남작과 쥘리앵은 각기 문장의 윤곽을 그렸다.

이런 일에는 곧잘 흥분하는 아델라이드 부인은 옆에서 자기의 의견을 말했다. 잔도 호기심에 끌리어 대화에 끼어들었다.

바타유도 자기 의견을 이야기하기도 하고, 연필을 들어 형태를 그려보기도 했다. 커피를 마시고 나자 바타유는 마차간으로 들어갔다.

바타유는 마차를 자세히 살펴보고는 문장의 크기에 대해 의견을 내놓았다. 그러고 나서 식구들과 새로 의논한 후 곧 일에 착수했다.

아델라이드 부인도 그림쟁이의 일하는 모습을 보기 위해, 시린 발을 쬘 수 있는 화로와 의자를 준비했다. 그리고 부인은 조용히 바타유와 이야기를 나누기 시작했다.

쥘리앵은 장모 곁의 의자에 걸터앉아 있었다. 파이프로 담배를 피우고, 땅에 침을 뱉기도 하면서 자기의 문장이 그림으로 그려지는 것을 지켜보았다. 얼마 후 괭이를 둘러메고 채소밭으로 나가던 시몽 영감까지도 발길을 멈추고 그것을 구경했다.

바타유가 도착했다는 소문이 두 소작지에 퍼지자, 아낙네들도 바타유의 솜씨를 구경하러 왔다. 아낙네들은 남작 부인의 양 옆에 서서 계속 감탄하며 말했다.

"저렇게 꼼꼼하게 그리는 걸 보니 솜씨가 보통이 아닌 것 같군요!"

마차의 양쪽 문에 문장을 그리는 일은 다음 날 11시가 되어서야 끝났다. 곧 식구들이 몰려나와서는 문장을 자세히 보려고 마차를 밖으로 끌어냈다. 나무랄 데 없이 완벽했다. 다시 상자를 둘러메고 떠나는 바타유에게 모두들 칭찬을 아끼지 않았다.

쥘리앵은 모든 일에 절약을 한다며 여러 가지를 정리했다. 먼저 자작 자신이 직접 마차를 부리기로 하고, 남작의 늙은 마부인 시몽 영감에게는 정원일을 맡겼다. 그리고 사료값을 아낀다며 마차의 말들도 팔아 버렸다. 대신, 말을 얻기 위해 쿠이야르와 마르탱 두 소작인과의 계약서에 매달 한 번씩 자작이 정해 놓은 날에 말을 한 마리씩 제공해야 한다고 적어 넣었다. 또, 식구들이 마차에서 내리는 동안 말을 붙들고 있는 일은 마리우스라는 목동 아이를 쓰기로 했다.

쥘리앵이 이웃의 귀족 집안을 방문하는 날, 쿠이야르 집안에서는 큰 노랑말을, 마르탱 집안에서는 털이 긴 흰 말을 가지고 왔다. 두 말을 나란히 마차에 매고, 소년 마리우스가 시몽 영감의 큰 마부옷을 입고 마차를 저택 앞까지 끌고 왔다.

몸치장을 하고 허리를 꼿꼿이 편 쥘리앵은 얼마쯤 옛날의 우아했던 모습을 되찾은 듯했다. 그러나 긴 수염은 여전히 깎지 않은 채였다. 쥘리앵에게 중요한 것은 단지 새로 그린 문장뿐이었다.

아델라이드 부인은 남작의 부축을 받으며 마차에 올랐다. 잔도 뒤따라 나왔다. 그녀는 두 마리의 말을 보자 마구 웃음을 터뜨리며 말했다.

"흰 것은 노란 놈의 손자 같아요."

잔은 마리우스의 우스운 꼴을 보고는 더욱 웃음을 멈출 수가 없었다. 얼굴은 휘장 달린 모자 속에 푹 파묻혀 모자가 코에 걸려 있었다. 두 손은 긴 소매 속에 들어가서 보이지를 않았고, 제복 끝은 양쪽 다리까지 내려와 있었다. 게다가 큰 구두를 신은 발은 우스꽝스럽게 앞으로 쑥 나와 있었다. 그리고 무엇을 보려면 머리를 뒤로 잔뜩 젖혀야 되고, 한 발짝 옮기기라도 하려면 시내를 건너듯 바지를 한 번 추켜올려야 했다.

남작도 멍청히 서 있는 마리우스의 모습을 보고는 웃음을 터뜨렸다.

"부인, 저, 저, 저것 좀 보구려, 마, 마, 마리우스를! 너무 우습군! 하하하, 맙소사! 이건 정말 볼만하군."

마차 문 밖으로 이 꼴을 내다본 남작 부인도 몸을 흔들며 웃어서 마차가 마구 흔들렸다. 그러나 쥘리앵은 새파랗게 질려서 쏘아붙였다.

"뭐가 우습다고 그러십니까? 다들 정신들이 이상해진 모양이군!"

잔은 너무 배가 아프도록 웃어서 현관 앞 돌층계 위에 주저앉았다. 남작도 돌층계에 주저앉았다. 부인은 마차 안에서 애써 웃음을 참느라 재채기와 쿡쿡거리는 암탉 울음 소리를 내고 있었다.

마리우스는 자신도 우스워서 모자 속에서 웃음을 터뜨리기 시작했다. 그러자 쥘리앵은 갑자기 화가 머리끝까지 나서 마리우스에게 달려가 뺨을 한 대 후려갈겼다. 순간 마리우스의 모자가 툭 떨어져 잔디밭 위로 굴러갔다.

쥘리앵은 장인을 돌아보며 분노에 떨리는 목소리로 뇌까렸다.

"웃으실 권리가 하나도 없습니다. 재산을 이렇게 낭비해 버리지만 않았더라도, 이 지경이 되지는 않았을 겁니다. 이대로 망해 버리면 누구 책임이 되겠습니까?"

유쾌하게 웃던 사람들은 얼어붙은 듯 웃음을 멈췄다. 모두들 입을 다물었다. 잔은 우는 얼굴이 되어 가만히 어머니 곁으로 올라탔다. 남작도 너무 놀란 듯 말 한마디 없이 두 여인과 마주 앉았다. 쥘리앵은 울고 있는 마리우스를 자기 곁에 앉히고 마부석에 자리를 잡았다.

길을 가는 동안 마차 안에서는 침묵이 흐르고 있었다. 세 사람 다 이야기를 꺼낼 기분이 아니었다. 보조가 맞지 않는 두 마리의 말이 이끄는 마차는 농가를 끼고 달렸다. 이윽고 마차는 가로수길로 들어섰다. 푹 팬 진흙투성이의 도랑에 마차가 기우뚱하며 기울어지자 남작 부인은 놀라 소리를 질렀다.

가로수길이 끝나는 곳에 하얀 대문이 닫혀 있는 채로 눈앞에 나타났다. 마리우스가 달려가 문을 열었다.

마차는 계속 구부러진 길을 달리다 넓은 잔디밭을 돌아 높고 널찍하면서도, 왠지 음침한 느낌을 주는 건물 앞에 멈춰 섰다. 그러자 가운데 문이 열리며 검은 줄무늬의 빨간 조끼를 입은 늙은 하인이, 다리를 절며 계단을 천천히 내려왔다. 그리고는 방문객들의 이름을 듣고는 이들을 넓은 객실로 안내했다.

실내의 가구들은 모두가 덮개로 덮여 있었다. 시계와 촛대도 흰 천으로 싸여 있었다. 퀴퀴한 냄새가 풍기는 방 안의 공기는 곰팡내와 냉기가 뒤섞여 방문객의 마음을 더욱 울적하게 했다. 모두들 앉아서 주인을 기다렸다. 위층 복도에서 발소리가 들려왔다. 뜻밖의 방문에 당황하고 있는 듯했다. 방 안에서는 놀란 집안 사람들이 허둥지둥 옷을 갈아입고 있는 모양이었다.

오랜 시간이 흘렀다. 초인종이 몇 번씩 울리고, 또 다른 발소리가 계단을 몇 번이나 오르락내리락했다.

아델라이드 부인은 차가운 기운에 연달아 재채기를 해 댔다. 쥘리앵은 방 안을 서성거리고 있었다. 잔은 우울한 기분이 가시지 않아 어머니의 곁에 앉아 있었다. 남작은 벽난로 대리석에 기대어 선 채 고개를 숙이고 있었다.

이윽고 큰 문이 열리며 브리즈빌 자작 부부가 나타났다. 그들 부부는 둘 다 키가 작고 바짝 여위었는데, 체신 없는 걸음걸이에다 나이는 짐작할 수가 없었다. 부인은 꽃무늬가 있는 비단옷을 입고, 리본이 달린 모자를 쓰고 있었다. 방문객들을 보자 날카로운 목소리로 재빨리 인사했다. 브리즈빌 자작은 꼭 끼는 화려한 연미복을 입고 무릎을 굽히며 인사를 했다. 그는 얼굴뿐만 아니라, 밀랍을 바른 듯한 머리카락도, 멋진 옷도 모두 정성껏 손질을 한 것 같았다.

인사가 끝나고 나니 모두들 할말이 없었다. 주인과 손님은 서로 의례적인 축하의 말을 서로 주고받았다. 객실의 차가운 공기가 몸 속까지 스며들어 목이 잠겼다. 아델라이드 부인은 기침을 하기 시작했다. 그래서 남작은 그만 돌아가자고 눈짓을 보냈다.

브리즈빌 부처는 가려고 하는 이들을 말리며 말했다.

"아니, 왜 벌써 돌아가려고 하세요? 좀더 이야기 나누다 가시지요."

그러나 잔은 일어서서 돌아갈 준비를 했다.

브리즈빌 자작이 하인을 부르려고 초인종을 눌렀지만, 울리지 않았다. 하는 수 없이 자작이 직접 달려나갔다. 마차는 마구간에 매여 있어서 좀더 기다려야만 했다.

그 동안 모두들 적당한 할말을 찾아보았다. 올 겨울은 비가 많다는 등의 이야기를 했다. 잔은 두 분이서 일년 내내 어떻게 무슨 일을 하느냐고 물었다.

브리즈빌 부부는 그 물음에 놀랐다. 왜냐하면 그들은 항상 일거리가 있었기 때문이다. 프랑스 전국에 퍼져 있는 친척들에게 편지를 쓰기도 하고, 자질구레한 일로 매우 바쁘게 보내고 있었기 때문이다.

좀처럼 손님이 찾아오지 않는 이 넓은 집의 높고 검은 천장 아래서, 깨끗하고 단정한 옷차림을 하며 지내는 자작 부부. 잔의 눈에는 이 한 쌍의 부부가 귀족의 전형으로 보였다.

이윽고 짝이 맞지 않는 두 마리의 말이 끄는 마차가 창밖을 지나갔다. 그러나 마리우스는 저녁때까지는 시간이 있을 거라 생각하고 들로 나갔는지 보이지 않았다. 화가 난 쥘리앵은 마리우스를 버려 두고 레푀플로 향했다.

마차에 앉자마자 잔과 남작은 브리즈빌 자작 부부의 몸짓과 말투를 흉내내며 웃어 댔다. 마차 안에 앉자마자 잔과 그의 아버지는 쥘리앵의 난폭한 태도에서 받은 울적한 감정이 아직도 가시지 않고 남아 있기는 했으나, 브리즈빌의 몸짓이며 말소리를 흉내내며 웃었다. 남작은 그 남편의 흉내를 내고 잔은 그 부인의 흉내를 냈다. 그러나 남작 부인은 자기가 존경하는 귀족이 놀림감이 된 데 대해 약간 기분이 상해서 그들에게 말했다.

"그렇게 남을 조롱하는 게 아녜요. 그들은 아주 훌륭한 가문에다 나무랄 데 없는 분들이에요."

그래서 어머니의 기분을 상하게 하지 않으려고 말을 끊었으나, 아버지와 딸은 참을 수가 없어서 서로 바라보며 또 흉내를 내기 시작했다. 남작은 예의를 갖추어 인사를 하고 나서 엄숙한 목소리로 말했다.

"부인, 하루 종일 불어오는 바닷바람 때문에 레푀플에서는 매우 추우

시겠습니다."

그러자 잔은 새침한 태도로 물에 잠긴 오리가 고개를 홰홰 내두르듯이 몸짓을 하면서 말했다.

"여기에선 일년 내내 할 일이 많답니다. 편지를 해야 될 친척도 많고, 남편은 모든 일을 내게만 맡기지요. 그이는 팰 신부하고 학문 연구에만 몰두하거든요. 두 분은 지금 노르망디의 종교사를 집필하고 계시답니다."

이번에는 남작 부인도 웃음을 터뜨리며 말했다.

"그래도, 그렇게 같은 계급의 사람을 놀리는 게 아니에요."

그러자 갑자기 마차가 서더니 쥘리앵이 누군가를 부르고 있었다.

잔과 남작은 밖을 내다보았다. 이상한 물체가 마차를 향해 굴러오고 있었다. 제복의 풍성한 옷자락에 다리가 걸리고, 쉴새없이 내려오는 모자 때문에 눈은 보이지도 않았다. 게다가 긴 소매를 풍차의 날개처럼 앞뒤로 연신 휘두르고, 큰 물도랑을 허둥지둥 건너다 빠져 흙물을 튀기는가 하면, 길가의 돌이란 돌에는 다 한 번씩 발이 걸려 비틀거리고 깡충깡충 뛰어대었다. 그 물체는 바로 마리우스였다.

마리우스가 마차 가까이 오자 쥘리앵은 몸을 굽혀 그의 목덜미를 잡아 끌어올렸다. 그리고 주먹으로 모자 위를 때리기 시작했다. 모자는 마리우스의 어깨까지 내려지며 북 같은 소리를 냈다. 마리우스는 소리지르며 도망가려고 애를 썼다.

잔은 어쩔 줄 몰라서 소리쳤다.

"아버지…… 어머나, 아버지!"

아델라이드 부인도 남편의 팔을 잡아 흔들었다.

"자크, 저걸 좀 말려 봐요!"

그러자 남작은 앞의 유리문을 내리고는, 쥘리앵의 소매를 움켜잡으며 떨리는 목소리로 외쳤다.

"그만두지 않을 텐가?"

쥘리앵은 어리둥절한 듯이 돌아보며 말했다.

"이 녀석의 옷 꼴이 어찌 되었는지 보이지도 않으세요?"

그러나 남작은 쥘리앵과 마리우스 사이로 고개를 내밀며 소리쳤다.

"그게 무엇이 그리 중요해? 어쨌든 이따위 난폭한 짓은 안 돼."

쥘리앵은 발끈해서 소리질렀다.

"내버려 두십시오. 장인하고는 관계없는 일입니다!"

그는 다시 때리려고 주먹을 쥐었다. 그러나 남작은 그의 손을 잡아 안장 밑으로 힘껏 내리쳤다.

"당장 그만두지 않으면, 내가 내려가서 말릴 테다."

남작의 격렬한 말투에, 쥘리앵은 아무 말 없이 조용해졌다.

그는 말에 채찍질을 가해 마차를 전속력으로 몰았다. 잔과 아델라이드 부인은 납빛처럼 파랗게 질려 손가락 하나 까딱하지 않았다. 부인의 심장 고동 소리가 크게 들렸다.

저녁식사 때 쥘리앵은 아무 일도 없었다는 듯 평소보다 더욱 상냥했다. 쥘리앵의 친절한 태도를 보자 다른 가족들도 모든 것을 잊고 함께 떠들었다. 잔이 브리즈빌 자작 부부 이야기를 다시 꺼내자 이번에는 쥘리앵도 함께 농담을 했다.

마리우스 사건 같은 일이 다시 일어날까 봐 다른 집안은 방문하지 않았다. 새해에 안부 카드만을 보내고, 내년 이른봄에 날씨가 따뜻해지면 그 때 찾아가 보기로 했다.

크리스마스가 다가왔다. 신부와 촌장과 촌장 부인을 만찬에 초대했다. 그 일은 단조로운 일상 생활을 끊어 주는 유일한 즐거움이었다.

남작 부부는 레푀플 저택을 1월 9일에 떠나기로 되어 있었다. 잔은 부모님과 좀더 지내고 싶었지만, 쥘리앵은 모른 체했다. 남작은 이 냉담해지는 쥘리앵을 보고, 본가가 있는 루앙으로 마차를 불렀다.

떠나기 전날, 잔과 남작은 짐을 다 꾸리고, 이포르까지 내려가 보기로 했다. 잔이 신혼 여행에서 돌아온 이후로 한 번도 이포르에 내려가 보지 않았던 것이다. 잔이 결혼식 날 사랑하는 쥘리앵과 거닐던 숲길을 아버지와 딸이 함께 걸었다.

겨울에 잎이 떨어지고 난 숲 속에서는 앙상한 나뭇가지가 떠는 소리 외에는 아무 소리도 들리지 않았다. 숲 속에는 이제 푸르렀던 잎도, 덩굴도 없었다.

두 사람은 작은 마을로 들어섰다. 인적이 없는 조용한 거리에는 바다 내음과 해초, 생선 냄새만이 풍기고 있었다. 널따란 갈색 그물이 문 앞에 걸리거나, 자갈 위에 펼쳐진 채 말려지고 있었다. 잿빛을 띤 차가운 바다는 변함없이 파도 소리를 내며 밀려갔다 밀려오고 있었다.

저녁이 되었다. 커다란 장화를 신고, 목에는 털목도리를 감은 어부들이 여기저기 떼를 지어 터벅터벅 걸어오고 있었다. 그들의 한 손에는 브랜디 병이, 그리고 다른 한 손에는 램프가 쥐어져 있었다. 오랫동안 기울어진 뱃전을 왔다갔다하던 어부들은 노르망디 사람들 특유의 느릿느릿한 동작으로 그물과 낚싯대, 큰 빵덩어리, 버터통, 술병, 컵 등을 배에 싣기 시작했다. 그리고는 배를 바다 쪽으로 밀어냈다.

배는 요란한 소리를 내면서 자갈 위를 미끄러져 물결 위에 띄워졌다. 얼마 동안 좌우로 흔들리던 배는 돛을 펴고, 돛대 끝에 조그마한 램프를 달고는 어둠 속으로 사라졌다.

마지막 배가 떠날 때까지 서서 바라보며 배웅을 하던 어부들의 아낙네들은, 마을 쪽으로 걸음을 옮겼다. 그들은 잠든 거리를 왁자지껄 떠들썩한 소리로 뒤흔들며 돌아갔다.

남작과 잔은 가만히 서서 어부들이 어둠 속으로 사라져 가는 것을 바라보았다. 어부들은 굶어 죽지 않기 위해 이렇게 목숨을 내걸고 밤마다 바다로 나갔다. 하지만, 그들은 고기를 먹어 보지도 못할 만큼 가난한 생활을 하고 있는 것이다.

남작은 바다를 바라보면서 중얼거렸다.

"바다는 무서우면서도 아름다운 것이란다, 자네트. 어둠이 깔리고, 수많은 생명의 목숨이 달려 있는 이 바다는 얼마나 훌륭하냐!"

잔은 쓸쓸하게 웃으며 대답했다.

"그래도 지중해만은 못해요."

남작은 기분이 상한 듯 큰 소리로 외쳤다.

"지중해만 못하다고? 지중해는 기껏해야 기름, 설탕물, 양철통에 푸른 표백제를 풀어놓은 것과 다르지 않아. 세차게 파도치는 이 바다가 얼마나 무서운지 좀 보렴. 그리고 저 먼 바다의 어둠 속으로 사라져 버린 어부들을 생각해 봐라."

잔은 한숨을 쉬며 대답했다.

"네, 그럴지도 몰라요."

그러나 자신이 입에 담았던 '지중해'란 말이 잔의 마음을 아프게 했다. 꿈 같은 추억으로 가득 채워져 있는 머나먼 나라로 잔의 생각은 움직이고 있었다.

아버지와 딸은 숲으로 가지 않고, 거리로 나와 힘없이 언덕을 올라갔다. 두 사람 모두 다가온 이별의 슬픔에 대해서는 한 마디 말도 없었다. 소작농의 논두렁을 지나갈 때면, 노르망디 지방에서 흔히 맛볼 수 있는 신선한 사과술 냄새가 풍겨왔다. 들 가운데서 불이 밝혀져 있는 창들은 사람이 살고 있음을 알려 주고 있었다.

잔은 자신의 영혼이 점점 커져서 눈에 보이지 않는 것까지도 알 수 있을 것 같았다. 그리고 들판 여기저기에 흩어져 있는 등불이 그녀에게 강한 고독감을 안겨 주었다. 그녀가 사랑하는 사람들과 헤어져 이별해야만 하는 그런 고독감이었다.

잔은 체념한 듯이 말했다.

"삶을 살아간다는 것이란 언제나 즐겁기만 한 것은 아니군요."

남작도 한숨을 지었다.

"우리로서도 어쩔 수 없는 노릇이란다, 잔."

다음 날, 남작과 아델라이드 부인은 루앙으로 떠났다. 레푀플 저택에는 이제 잔과 쥘리앵만이 남았다.

로 잘 리

두 사람은 카드놀이를 즐기기 시작했다. 매일 그들은 아침식사를 하고 나면, 쥘리앵은 파이프를 입에 물고, 코냑을 마시면서 잔과 카드놀이를 했다. 카드놀이를 하고 나면 잔은 방으로 들어가 창가에 자리를 잡고 앉았다. 그리고는 유리창에 빗물이 부딪치고, 바람에 흔들리는 소리를 들으며 스커트 장식에 수를 놓았다. 때때로 눈이 피로하면, 멀리 파도가 이는 잿빛 바다를 2, 3분 바라보다가 다시 일거리에 몰두했다.

집안의 실권과 경제권은 모두 쥘리앵이 쥐고 있었기 때문에, 잔은 아무것도 할 일이 없었다. 쥘리앵은 하인들에게는 팁을 주지 않았고, 식량도 최소한의 필요한 양으로 줄여 버리고 말았다.

잔은 레페플에 온 이후로 아침마다 빵집에서 노르망디식 빵을 주문했지만, 쥘리앵은 이 비용까지도 아끼기 위해 보통 구운 빵으로 바꿨다.

쥘리앵과의 말다툼이나 싸움을 피하기 위해 잔은 아무 말도 하지 않았다. 하지만, 쥘리앵에게서 구두쇠 기질이 보일 때마다 가슴이 아팠다.

돈에 대해 대수롭지 않게 여기며 자란 잔은 쥘리앵의 이러한 행동이 천하고 더러운 것처럼 생각되었다.

'돈이란 쓸 수밖에 없는 거란다.'

그녀의 어머니인 아델라이드 부인은 늘 이렇게 말하곤 했다.

"헤프게 돈 쓰는 버릇 좀 고칠 수 없어?"

쥘리앵은 이 말을 되풀이하곤 했다.

그리고 월급이나 계산서에서 몇 푼이라도 깎게 되면, 씩 웃으며 그것을 호주머니 속에 넣는다. 그리고는 이렇게 말하는 것이다.

"작은 시냇물이 모여서 바다를 이루는 법이거든."

잔은 가끔 처녀 시절처럼 다시 공상에 잠기곤 했다. 자기도 모르게 일손을 멈추고, 어느 새 소녀 시절 자기 소설에 등장했던 아름다운 사랑의 이야기를 다시 공상해 보는 것이었다. 그러나 이런 공상은 시몽 영감에게 무엇인가를 이르고 있는 쥘리앵의 목소리에 깨져 버리곤 했다. 잔은 다시 수를 놓으며 중얼거렸다.

"이미 끝나 버린 일이야, 모두가……."

이런 생각이 들 때면 바늘을 놀리는 손등에 눈물이 떨어졌다.

언제나 쾌활하고 콧노래를 부르던 로잘리도 이제는 사람이 변해 버렸다. 포동포동하던 두 볼은 홀쭉해져 핏기를 잃었고, 안색도 마치 진흙을 문질러 놓은 것처럼 흙빛이었다.

이따금 잔은 로잘리에게 물어 보았다.

"로잘리, 어디 아픈 데라도 있어?"

"아니에요, 아씨."

잔의 물음에 로잘리는 언제나 이 대답만을 되풀이했다. 그리고는 서둘러 나가 버리는 것이었다. 그녀는 예전처럼 뛰어다니지도 않고, 발을 끌며 힘들여 걸었다. 몸치장도 하지 않았다. 그리고 잡상인이 비단 리본이나 코르셋, 예쁜 향수병을 늘어놓아도 아무것도 사려 하지 않았다.

이 커다란 저택도 공허감을 일으킬 것만 같은 음산한 분위기를 띠어 갔다. 벽에는 잿빛의 긴 빗물 자국이 얼룩져 지저분해 보였다.

1월도 다 지나간 어느 날, 처음으로 눈이 왔다. 북쪽 하늘에서부터 먹구름이 몰려오는 것이 보이는가 싶더니, 눈이 내리기 시작했다. 하룻밤 사이에 온 세상이 하얗게 눈이 덮여 있었다.

쥘리앵은 긴 장화를 신고, 관목림 속과 들판으로 다니며 철새를 사냥하러 갔다. 이따금 총소리가 얼어붙은 듯한 들판에 울리면, 놀란 까마귀 떼가 큰 나무에서 날아올라 멀리 날아가 버렸다.

잔은 울적함을 견딜 수 없어 현관 앞 층계까지 내려갔다. 그러면 흰 빛으로 가득 찬 세계 어느 곳에선가 새의 구슬픈 울음소리가 울려왔다. 그리고는 멀리서 들려오는 파도 소리와 눈 내리는 소리만이 들리는 것이었다.

그러던 어느 날이었다. 잔이 꼼짝하지 않고 난롯가에서 발을 쬐고 있는 동안, 로잘리는 느릿느릿 침대를 정돈하고 있었다.

그 때, 갑자기 등뒤에서 괴로운 신음 소리가 들려왔다. 잔은 고개도 돌리지 않고, 따뜻하게 타오르는 난로를 바라보며 물었다.

"왜 그래?"

"아무것도 아녜요, 아씨."

로잘리는 여전히 이렇게 대답했다. 그러나 목소리는 숨 넘어가는 사람의 목소리같이 떨리고 있었다. 잔은 다시 생각에 잠겼다. 그러다가 문득 로잘리의 움직임이 느껴지지 않음을 깨달았다.

"로잘리!"

잔이 불러 봤다.

아무 대답이 없자, 조용히 나갔나 싶어 더 큰 소리로 불렀다.

"로잘리!"

잔은 초인종을 누르려고 팔을 뻗쳤다. 그런데 바로 곁에서 신음 소리가 들렸다. 잔은 깜짝 놀라 일어났다. 로잘리는 얼굴이 하얗게 질린 채 마룻바닥에 주저앉아 있었다. 잔은 그 곁으로 달려가서 물었다.

"왜 그래, 로잘리! 왜 그래?"

로잘리는 말 한마디 못하고, 손끝 하나 까딱하지 못했다. 단지 미친 듯한 시선으로 잔을 쳐다보며, 고통을 참느라 헐떡거리고 있었다. 그리고는 갑자기 온몸에 힘을 주며 뒤로 넘어졌다.

잠시 후, 로잘리의 가랑이 사이로 무엇인가가 꿈틀거리는 듯 싶더니 아기 울음소리가 들려왔다. 잔은 순간 모든 것을 알아차리고 정신없이 계단을 내려가며 큰 소리로 쥘리앵을 불렀다.

"쥘리앵! 쥘리앵!"

"왜 그래?"

밑에서 쥘리앵이 대답했다.

"저……. 저, 로잘리가……."

잔은 가까스로 이렇게 말했다.

쥘리앵은 후닥닥 계단을 뛰어올라 침실로 들어와, 칭얼거리고 있는 조그마한 주름진 핏덩이를 찾아 냈다.

쥘리앵은 험악한 얼굴로 일어나, 잔을 방 밖으로 밀어 내며 말했다.

"당신은 참견할 것 없어. 가서 뤼디빈하고 시몽 영감이나 불러 줘."

잔은 몸을 떨면서 부엌으로 내려갔다. 그리고는 다시 올라갈 용기가 나지 않아 부모님이 이 곳을 떠난 후 한 번도 불을 피우지 않은 객실로 들어갔다.

얼마 뒤에 하인이 집을 뛰어나가는 것이 보였다. 그리고 5분 후에 하인은 이 지방의 산파인 당튀 과부를 데리고 들어왔다. 그러더니 복도에서는 앓는 사람을 옮기기라도 하는 듯 소란스러운 소리가 들렸다.

이윽고 쥘리앵이 오더니 방으로 올라가도 좋다고 말했다. 잔은 불길한 일을 보고 난 듯 여전히 떨고 있었다. 잔은 다시 난롯가에 앉아 쥘리앵에게 물었다.

"그 애는 좀 어때요?"

쥘리앵은 무엇에 골몰하고 있는 듯 신경질적으로 방 안을 왔다갔다했다. 몹시 화를 내면서 흥분하더니, 걸음을 멈추며 말했다.

"당신은 저 애를 어떻게 할 생각이오?"

잔은 쥘리앵의 말이 무슨 소린지 알아듣지 못하고, 물끄러미 얼굴만 쳐다보다 물었다.

"뭐라고요? 무슨 말인지 잘 모르겠어요. 무슨 말이에요?"

갑자기 쥘리앵이 화를 내며 버럭 고함을 질렀다.

"애비 없는 자식을 집 안에 둘 수는 없는 일이잖소."

잔은 몹시 당황해서 아무 말도 할 수가 없었다. 한참 후에 그녀는 입을 열어 말했다.

"그렇지만 여보, 남의 집에 맡겨서 기를 수도 있지 않겠어요?"

쥘리앵은 아내의 말을 가로채며 말했다.

"그 비용은 누가 댄단 말이오? 물론 당신이겠지?"

잔은 한참 동안 궁리해 보다가 이렇게 대답했다.

"어린애 아버지가 맡을 테죠. 그 사람이 로잘리하고 결혼하게 되면 모든 일은 쉽게 해결될 거예요."

쥘리앵은 화가 머리끝까지 치미는 듯 큰 소리로 외쳤다.

"아버지! 아버지라고? 당신은 알고 있소, 그 아버지 되는 사람을? 물론 모를 테지. 그렇다면 이제 어떻게 하지?"

잔은 흥분했다.

"하지만 그 사람은 저 아이를 그냥 버려 두지는 않을 거예요. 아이를 내버린다면, 그건 비겁한 짓이에요. 로잘리에게 이름을 물어보자고요. 그리고 그 남자를 만나서 이야기를 해 보는 거예요."

쥘리앵은 다시 입을 다물고 방 안을 왔다 갔다 하기 시작했다.

"저 애는 그 남자의 이름을 말하지 않을 거야. 게다가 만일 아이 아버지 되는 사람이 저 애를 싫어한다고 하면 어떻게 하지? 그렇게 되면 애비 없는 아이를 가진 계집애를 한 집에서 데리고 있을 수는 없어. 알아듣겠소?"

잔은 단념하지 않고 고집을 부렸다.

"그렇다면 그자는 인간이 아니지요. 어쨌든 그 남자가 누군지 알아봅시다."

쥘리앵은 또다시 얼굴이 시뻘개지며 화를 냈다.

"하지만……. 그 동안은 어떻게 하겠소?"

잔도 어찌해야 좋을지 몰라 쥘리앵에게 물었다.

"당신은 어떻게 하는 게 좋을 것 같아요?"

쥘리앵은 주저하지 않고 자기의 생각을 이야기했다.

"나 말야? 나라면 아주 간단하지. 나 같으면 돈을 얼마쯤 주고 아기와 함께 내쫓아 버리겠어."

그러나 잔은 노여움에 차서 반대했다.

"절대로 그렇게는 못해요. 그 애는 내 형제와 다름없어요. 나하고 같이 자란 애라고요. 그 애에게 이런 일이 생기긴 했지만, 난 그 앨 쫓아 낼 수 없어요. 좋은 방도가 없다면, 어린애는 내가 기르겠어요."

쥘리앵은 웃음을 터뜨렸다.

"좋지 않은 소문이 날 거야. 사람들은 우리가 부정을 감싸고 있다고 여기저기서 수군거리겠지. 행실이 좋지 못한 계집애를 숨겨 두고 있다고 말이야. 그리고 다른 귀족 집안 사람들은 우리 집에 오지도 않을 거요. 도대체 당신은 어쩌자는 거야?"

그러나 잔은 태연하게 말했다.

"나는 절대로 로잘리를 쫓아 내지 않겠어요. 만일 당신이 여기 두려고 하지 않는다면, 어머니가 데려가실 거예요. 하지만, 어떻게 하든 간에 아버지 이름은 알아야 해요."

쥘리앵은 화가 나서 문을 쾅 닫고 나가며 소리쳤다.

"여자들이란 미련하기 짝이 없다니까. 생각하는 게 모두 어리석은 것뿐이라니!"

잔은 오후에 로잘리의 방으로 갔다. 로잘리는 침대 위에 가만히 누워 있었다. 산파인 당튀 부인이 갓난아이를 팔에 안고 흔들어 주고 있었다.

잔을 보자 로잘리는 담요에 얼굴을 묻고는 울기 시작했다. 잔이 입을 맞추려고 하자 로잘리는 얼굴을 가렸다. 당튀 부인이 억지로 이불을 젖히자, 로잘리는 더 이상 반항하지 않고 조용히 흐느껴 울었다.

난로 속에는 불이 약하게 타오르고 있었다. 방 안이 추워 어린애가 칭얼거렸다. 잔은 로잘리가 또 울까 봐 아기에 대한 이야기는 꺼내지도 못했다. 다만 로잘리의 손을 잡은 채 되풀이해 말했다.

"괜찮아, 괜찮아, 로잘리."

가엾은 로잘리는 당튀 부인 쪽을 흘끗 쳐다보기도 하고, 아기의 울음 소리에 몸을 떨기도 했다. 슬픔을 참으려고 애를 썼지만, 참을 수 없는 흐느낌이 터져나와 눈물을 삼켰다. 잔은 다시 한 번 키스를 했다. 그리고 낮은 목소리로 로잘리의 귀에 속삭였다.

"내가 잘 돌봐 줄 테니까 안심해."

그러자 로잘리는 또다시 울음을 터뜨리기 시작했다. 잔은 밖으로 나왔다. 잔은 매일 로잘리의 방에 갔다. 그 때마다 로잘리는 잔의 모습을 보고는 흐느껴 울었다. 아기는 근처 마을의 어느 집에 맡겨졌다. 쥘리앵은 아내에게 별로 말을 건네지 않았다. 그녀가 로잘리를 내쫓지 않은 것에 단단히 화가 난 모양이었다.

어느 날, 쥘리앵은 다시 로잘리 얘기를 꺼내자, 잔은 호주머니에서 아델라이드 부인에게서 온 편지를 꺼내 보여 주었다. 로잘리를 레푀플에 둘 수 없다면, 당장 루앙으로 보내라는 내용이었다.

쥘리앵은 다시 화가 나서 소리쳤다.

"당신 어머니도 당신만큼이나 정신이 나간 모양이야."

그러나 그 이상 고집을 부리지는 않았다. 두 주일이 지나자 로잘리는 다시 일어나 돌아다닐 수 있게 되었다.

어느 날 아침, 잔은 로잘리를 앞에 앉혔다. 그리고 그녀의 두 손을 꼭 쥐고 말했다.

"로잘리, 이젠 숨기지 말고 나한테 다 털어놔 봐."

로잘리는 떨면서 중얼거렸다.

"뭘 말이에요, 아씨?"

"아기의 아버지 되는 사람이 누구냐 말이야."

로잘리는 두 손으로 얼굴을 가리려는 듯, 잡힌 손을 빼려고 했다.

그러나 잔은 로잘리에게 입을 맞추며 위로했다.

"불행한 일이지만 어쩌겠니? 네가 약해서 그랬던 거야. 아이의 아버지가 너하고 결혼을 하면, 사람들은 이 일을 모두 잊어버릴 거야. 그리고 아이 아버지가 너하고 이 곳에서 함께 지내도 좋아."

로잘리는 마치 고문이라도 받는 듯 신음 소리를 내고는 도망치려고 몸부림쳤다. 잔은 계속 말했다.

"나는 네가 부끄러워 그러는 거 잘 알아. 하지만, 너도 보다시피 나는 화도 안 내고 이렇게 부드럽게 말하고 있잖아. 아이 아버지 되는 사람의 이름을 물어 보는 것도 다 너를 위해서 그러는 거야. 네가 이렇게까지 슬퍼하는 걸 보면, 아마 그 남자가 널 차 버린 모양이지? 난 그걸 막고 싶어 이러는 거란다. 아이 아버지와 네가 함께 살게 하고, 그 남자가 너를 행복하게 만들어 주도록 할 생각이야."

로잘리는 갑자기 손을 뿌리치고는 미친 듯이 밖으로 뛰쳐나갔다.

그 날 저녁식사 때 잔은 쥘리앵에게 말했다.

"아기 어버지 되는 사람의 이름을 알려고 했지만 실패했어요. 로잘리가 도대체 말을 하지 않는군요. 쥘리앵, 당신도 같이 물어 봐요. 그 사람하고 짝을 지워줘야만 하잖아요."

그러자 쥘리앵은 벌컥 화를 냈다.

"이봐요, 난 이제 그 얘긴 듣기도 싫소. 당신이 로잘리를 데리고 있겠다고 했으니까 마음대로 하라고. 하지만, 이 일로 날 더 이상 귀찮게 하지는 말아 줘!"

로잘리가 어린애를 낳은 뒤부터 쥘리앵은 더욱 신경질적이 되어 가는 것 같았다. 그리고 잔과 말을 할 때는 언제나 화가 난다는 듯 소리를 질렀다. 이와 반대로, 잔은 쥘리앵과의 말다툼을 피하려고 목소리를 낮추어 부드럽고 타협적인 태도로 말했다. 그러나 밤이면 침대 속에서 자주 눈물을 흘리곤 했다.

로잘리는 얼마 안 가서 완전히 회복되었다. 아직도 어떤 근심에 싸여 있는 듯했지만, 전보다는 훨씬 명랑해졌다. 잔은 그 후에 다시 물어 보려고 했지만, 그 때마다 로잘리는 말없이 도망가 버렸다.

갑자기 쥘리앵도 더욱더 상냥해졌다. 잔은 기뻐하며 옛날의 명랑함을 되찾아 갔다. 때로는 가슴이 답답해지는 것을 느끼고 괴로워했지만, 아무에게도 말을 하지는 않았다.

눈이 녹는 계절은 아직도 오지 않았다. 5주 동안이나 낮에는 수정처럼 투명하고 맑은 날씨가 계속되었고, 밤에는 하늘 가득히 총총히 박힌 아름다운 별이, 추워 보이는 눈벌판 위에 펼쳐져 있었다. 네모진 뜰에 외따로 서 있는 농가들은 하얀 옷을 입고 잠들어 있는 것 같았다.

사람도 짐승도 밖으로 나가지 않았다. 다만 초가집 굴뚝에서 피어오르는 연기만이 생명의 존재를 알려 주고 있었다. 들도, 울타리도, 느릅나무 담장도 모두 추위에 얼어붙은 것처럼 보였다. 이따금 나뭇가지 껍질 속에서 무언가가 부러지는 듯 딱딱 소리가 났다.

잔은 자기 몸이 좋지 않은 것은 추위 때문이라 생각했다. 그래서 어서 따뜻한 바람이 불어오기를 누구보다 바랐다. 때로 그녀는 음식을 보면 구역질을 느끼며 아무것도 먹지 못했다. 또, 어느 때는 맥박이 몹시 뛰고, 얼마 먹지 않은 음식을 토하기도 했다.

온도계가 다시 내려간 어느 날이었다.

잔은 일찍 잠자리에 들었다. 쥘리앵은 여느 때와 달리 하인들에게 자기 방에 난로를 피우라고 했다. 온 집 안이 추위에 떨고 있었다. 벽이 차가운 기운에 떨고 있는 것처럼 가냘픈 소리를 냈다.

잔은 침대 속에서 바들바들 떨었다. 두 번이나 일어나 난로에 장작을 넣었다. 스커트와 낡아빠진 옷가지도 전부 찾아 이불 위에 덮었다.

그러나 아무리 해도 몸은 녹지 않았다. 발이 시려오고, 종아리와 넓적다리까지 떨려왔다. 몇 번이나 엎치락뒤치락하며 몸을 뒤척였다. 얼마후엔 이가 딱딱 마주치고, 손도 떨렸다. 가슴이 죄어들고, 느리게 울리던 심장 고동이 멈출 것만 같았다. 숨이 차서 몹시 헐떡이고 있었다.

무서운 불안이 그녀를 사로잡으면서, 차가운 냉기가 뼛속까지 스며들었다. 이런 기분은 처음이었다. 이렇게 삶으로부터 버림받고, 금방이라도 숨이 넘어갈 것만 같은 기분이었다.

'죽을 것만 같애……. 죽으려나 봐…….'

잔은 무서워서 침대에서 뛰어내려 로잘리를 부르려고 초인종을 눌렀다. 대답이 없었다. 잔은 오한에 몸을 떨며 다시 눌렀다. 그러나 로잘리는 좀처럼 오지 않았다.

잔은 정신없이 층계를 내려가 로잘리의 방으로 갔다. 손으로 더듬어 문을 찾아 열고 안으로 들어갔다.

"로잘리! 로잘리!"

두 손으로 로잘리가 자고 있을 침대를 더듬어 보았지만 비어 있었다. 아무도 자지 않은 듯, 침대 위는 차가웠다.

'이렇게 추운데, 아직도 잠자리에 들지 않고 밖에 있나?'

갑자기 심장이 두근거려 숨이 막힐 것 같았다. 잔은 쥘리앵을 깨우려고 떨리는 다리를 이끌며 다시 계단을 내려갔다.

"이제는 틀림없이 죽을 거야."

잔은 이런 생각이 들었다. 의식을 잃기 전에 남편을 한 번 보고 싶다는 욕구가 솟아올랐다.

잔은 쥘리앵의 방문을 왈칵 열고 안으로 뛰어들었다. 꺼져가는 불빛 속에서 그녀는 쥘리앵과 로잘리가 나란히 누워 있는 것을 발견했다. 잔은 뜻밖의 놀라운 장면을 보고 비명을 질렀다. 그리고는 도망치듯 뛰어나와 자기 방으로 들어갔다.

"잔! 잔!"

당황한 쥘리앵이 자신을 부르는 소리가 들렸다. 그러나 잔은 변명을 하며 거짓말을 늘어놓는 그의 목소리가 너무도 듣기 싫었다. 계단을 급히 뛰어내려갔다. 잔은 긴 계단에서 굴러떨어지고, 돌에 걸려 팔다리가 부러지는 것도 생각하지 않고 어둠 속을 마구 달렸다. 쥘리앵으로부터 도망치고 싶다는 생각만이 끊임없이 머릿속을 맴돌았다. 밑으로 내려오자 그녀는 맨발에 속옷차림으로 멍하니 층계에 앉아 있었다.

쥘리앵이 따라오는 소리가 들리자, 잔은 그를 피하기 위해서 다시 일어섰다. 쥘리앵이 계단을 내려오며 소리쳤다.

"내 말 좀 들어봐요, 잔! 기다려!"

그러나 잔은 쥘리앵의 목소리가 듣고 싶지 않았다. 쥘리앵에게는 손가락 하나 닿게 하고 싶지 않았다. 마치 살인자에게 쫓기듯 식당으로 뛰어들어간 잔은 식탁 밑으로 들어가 몸을 웅크렸다.

그러나 쥘리앵은 문을 열고 등불을 든 채 잔을 불렀다.

"잔! 잔!"

잔은 식당을 뛰쳐나와 다시 부엌으로 뛰어들어갔다. 마치 막다른 곳에 갇혀 버린 짐승처럼 부엌 안을 몇 번이나 빙빙 돌다가 쥘리앵이 들어오는 것을 보고는 정원으로 향한 문을 박차고 들판을 향해 달리기 시작했다.

눈은 무릎까지 차올랐다. 차가운 눈의 감촉이 그녀에게 더욱 필사적인 힘을 주었다. 이제는 추위도 느껴지지 않았고, 아무런 감각도 없었다. 속옷만을 입은 그녀는 눈 덮인 대지와 같은 흰 모습으로 달리고 있었다. 관목림을 지나고, 도랑을 뛰어넘고, 들을 건너 잔은 끝없이 가로수길을 따라 달렸다.

달빛도 없었다. 캄캄한 하늘에는 불꽃놀이를 하는 듯 별들만이 반짝이고 있었다. 그러나 들은 얼어붙은 침묵 속에서 희미하게 밝아 보일 뿐이었다.

잔은 절벽 끝에 이르자, 그 자리에 털썩 주저앉았다. 바다는 고요하기만 했다. 해변으로부터 해초 냄새가 풍겨왔다. 잔은 기진맥진하여 오랫동안 가만히 앉아 있었다. 바람에 흔들리는 돛처럼 잔은 심하게 몸을 떨었다. 갑자기 지난날의 환상이 또렷이 눈앞에 펼쳐졌다.

라스티크 영감의 배를 타고 함께 갔던 뱃놀이, 쥘리앵과 함께 나눴던 대화, 싹트기 시작한 그들의 사랑, 배의 명명식, 더 멀리 거슬러 올라가, 잔이 레뢰플에 처음 도착했던 첫날 밤……

'그런데 지금은! 아아, 그 모든 것이 지금은 어떻게 변해 버렸는가! 나의 생애가 산산히 부서지고 만 것이다. 고통과 배신, 절망에 가득 찬 미래만이 잔의 눈앞에 펼쳐졌다. 차라리 죽는 편이 낫다. 그러면 모든 고통도 한순간으로 끝이 나고 만다……' 이 때, 멀리서 사람들의 외치는 소리가 들려왔다.

"이쪽이야. 저기 발자국이 있어. 빨리, 빨리. 서둘러!"

잔을 찾고 있는 쥘리앵의 목소리였다. 아아! 두 번 다시 보고 싶지 않은 사람이었다. 잔이 앉아 있는 낭떠러지 밑에서 바위를 스치는 가느다란 물결 소리가 들려왔다. 잔은 물 속에 뛰어들기 위해 일어섰다. 그리고 마지막 이별의 인사를 이 세상에 고하기 위해 중얼거렸다.

"어머니!"

그러자 문득 어머니 생각이 났다. 울부짖는 어머니의 모습이 보였다. 차가운 시체 앞에 무릎을 꿇고 있는 아버지의 모습도 보였다. 순간 부모님의 절망에 찬 고통이 느껴졌다. 잔은 눈 위에 쓰러지고 말았다.

쥘리앵과 시몽 영감이 등불을 든 마리우스와 함께, 절벽 끝에 서 있는 잔의 팔을 붙들고 뒤로 끌었다. 잔은 몸 하나 까딱할 수 없었다. 그녀는 그들이 자기를 들어다 침대에 누이고, 뜨거운 헝겊으로 문지르는 것을 어렴풋하게 느꼈다. 하지만, 그 다음에는 의식을 잃어, 기억나는 것이라고는 아무것도 없었다. 악몽이 그녀를 괴롭혔다.

잔은 자기 방에 누워 있었다. 날이 밝았지만 일어날 수가 없었다. 왜 그런지 이유를 몰랐다. 마루 위에서 무슨 작은 소리가 들렸다. 무언가를 긁는 소리 같기도 하고, 스치는 소리 같기도 했다. 별안간 작은 생쥐 한 마리가 잽싸게 이불 위를 지나갔다. 그러자 또 한 마리가 지나가고, 다음 세 번째 생쥐가 그녀의 가슴 쪽으로 달려왔다.

잔은 그 생쥐가 무섭지 않았다. 잡으려고 손을 뻗었지만 닿지 않았다. 이번에는 다른 생쥐들이 열 마리, 스무 마리, 몇 백 몇 천 마리가 여기 저기서 쏟아져 나왔다. 기둥으로 기어오르고, 벽걸이 위를 달리기도 하면서 순식간에 침대를 뒤덮었다.

그리고는 이불 속으로 들어왔다. 피부 위로 미끄러지고, 다리를 간질이기도 했다. 생쥐 한 마리가 자기의 목을 향해 달려드는 것이 보였다. 잔은 몸부림을 치며 잡으려고 했지만, 번번이 빈손이었다.

잔은 도망치고 싶어 소리를 질렀다. 하지만 누군가가 힘센 팔로 옴쭉달싹 못하게 꼭 껴안고 있는 것 같았다. 잔은 도무지 시간을 알 수 없었다. 오랜 시간이 흐른 것만은 분명했다.

여전히 고통을 느끼면서도, 기분만은 상쾌하게 깨어났다. 기운이 하나도 없었지만, 눈을 떴다. 아델라이드 부인이 키가 큰 어떤 남자와 앉아 있는 것이 보였다. 잔은 자기가 몇 살인지도 잘 알 수가 없었다. 단지 조그마한 소녀인 것 같기만 했다. 기억나는 것도 전혀 없었다.

"자, 의식이 회복됐습니다."

뚱뚱하게 살이 찐 남자가 말했다. 아델라이드 부인은 울음을 터뜨리자 그 뚱뚱한 남자가 계속 말했다.

"부인, 진정하세요. 제가 모든 것을 책임진다고 하지 않았습니까. 그러니 따님에게는 아무 말씀도 하지 마세요. 그저 편히 쉴 수 있도록 내버려 두세요."

잔은 무엇인가 생각해 내려고 하면, 곧 잠이 쏟아졌다. 그 후로도 오랫동안 잠을 잔 것 같았다.

그녀는 다시 눈을 떴다. 쥘리앵이 혼자 그녀 곁에 있었다. 그러자, 안개가 걷히듯 모든 기억이 되살아났다. 잔은 가슴이 죄어드는 듯한 심한 고통을 느꼈다. 또다시 도망치고 싶었다. 그녀는 침대 밖으로 뛰어내렸다. 하지만 다리에 힘이 없어 그 자리에 쓰러지고 말았다.

쥘리앵이 잔에게 달려왔다. 잔은 쥘리앵의 손이 그녀의 몸에 닿는 것이 싫어 소리를 치기 시작했다. 몸부림치며 마구 뒹굴었다. 문이 열리며 리종 이모와 당튀 부인이 뛰어들어왔다. 남작과 아델라이드 부인도 숨을 헐떡이며 쫓아 들어왔다. 잔은 다시 침대에 뉘어졌다.

잔은 조용히 생각을 하고 싶어 일부러 눈을 감았다. 아델라이드 부인과 리종 이모가 그녀를 간호하느라 분주히 왔다갔다하며 물었다.

"잔, 우리를 알아보겠니, 잔?"

잔은 들리지 않는 척하고는 대답하지 않았다.

밤이 되었다. 간호사가 이따금 약을 마시게 했다. 잔은 말없이 받아 마셨다. 그러나 더 이상 잠을 자지는 않았다. 기억 속에 구멍이 뚫린 것처럼 전혀 생각나지 않는 것들이 있었다. 잔은 기억나지 않는 것들을 이것저것 맞춰보며 궁리했다. 조금씩 기억이 되살아나는 것 같았다.

아델라이드 부인과 리종 이모, 그리고 남작까지 온 것을 보면 그녀는 몹시 위독했던 모양이다.

'그러나 쥘리앵은? 그는 뭐라고 말했을까? 부모님은 그 일을 알고 계시는 걸까? 그리고 로잘리는? 그 애는 지금 어디 있을까? 이제는 어떻게 해야 하나? 무엇을 해야만 할까?'

갑자기 한 가지 생각이 머리를 스쳤다.

'그렇다. 루앙! 아버지하고 어머니하고 함께 루앙으로 돌아가자! 그리고 옛날처럼 혼자 사는 거다.'

잔은 주위에서 들리는 소리를 모른 척하며, 시기를 기다리기로 했다.

그날 밤, 잔은 어머니와 단둘이 있게 되자 입을 열었다.

"어머니!"

잔은 자기의 목소리가 변한 데 깜짝 놀랐다.

남작 부인은 잔의 두 손을 잡으며 말했다.

"오, 내 딸아! 귀여운 잔! 나를 알아보겠니?"

"네, 어머니. 하지만, 울지는 마세요. 조용히 할 이야기가 있어요. 왜 내가 눈 속으로 뛰쳐나갔는지 쥘리앵이 이야기하던가요?"

"물론 들었단다. 네가 아주 무서운 열병에 걸려 있었다더구나."

"그렇지 않아요, 어머니. 열은 나중에 난 거예요. 내가 왜 열이 났는지, 왜 쥘리앵으로부터 도망치려고 했는지, 그이가 이야기했어요?"

"아니."

"어머니, 그건 로잘리가 쥘리앵과 함께 그의 이불 속에 있는 것을 보았기 때문이에요."

아델라이드 부인은 아직도 그녀가 열 때문에 헛소리를 하는 것이라 생각하고 머리를 쓰다듬으며 말했다.

"애야, 마음을 가라앉히고 잠을 청해 보렴, 응?"

그러나 잔은 고집을 부리며 계속했다.

"이제 저는 정신이 말짱해요. 어머니, 지난 며칠 동안은 헛소리를 했는지 모르지만 지금은 아니에요. 어느 날 밤에 저는 몸이 몹시 아파서 쥘리앵을 찾았어요. 그런데 쥘리앵의 방 문을 여니까, 로잘리가 쥘리앵과 함께 자고 있었어요. 저는 너무 놀라고 슬펐기 때문에 낭떠러지에 몸을 던지려고 눈 속으로 뛰쳐나갔던 거예요."

그러자 아델라이드 부인은 되풀이했다.

"그래, 잔! 넌 정말 열이 심했단다."

"그게 아니라니까요! 전 더 이상 쥘리앵과 함께 살고 싶지 않아요. 저를 루앙으로 데려가 주세요."

아델라이드 부인은 무슨 일이든지 잔의 마음을 거스르지 말라는 의사의 지시를 받았기 때문에 조용히 대답했다.

"그래, 그래, 그렇게 하자꾸나."

그러자 잔은 화를 냈다.

"제 말을 안 믿으신다는 걸 알아요. 아버지를 불러 주세요. 아버지라면 제가 무슨 말을 하려는지 잘 아실 거예요."

아델라이드 부인은 지팡이 둘을 짚고 힘겹게 다리를 끌며 나갔다. 그리고 몇 분 후에 남작의 부축을 받으며 돌아왔다.

아델라이드 부인과 남작은 잔의 침대 곁에 앉았다. 잔은 이야기를 시작했다. 부드럽고, 분명하게. 쥘리앵의 이상한 성격, 냉혹함, 인색함, 그리고 마지막에는 그의 부정에 대해서도 이야기했다.

잔이 말을 마치자 남작은 딸의 이야기가 열에 들뜬 헛소리가 아니라는 것을 알았다. 그러나 그는 어떻게 해야 좋을지, 어떻게 해결을 하면 되는지, 뭐라고 대답을 해야 할지 알 수가 없었다.

남작은 어린 시절 옛날 이야기로 잔을 잠재우던 때처럼 부드럽게 손을 잡았다.

"잔, 내가 하는 말을 잘 들어라. 신중하게 행동해야 한다. 너무 서두르지 말아라. 우리가 어떻게든 해결책을 구할 때까지 넌 쥘리앵을 예전과 다름없이 대하도록 해라. 나와 약속하겠니?"

그녀는 낮은 목소리로 대답했다.

"그렇게 하겠어요. 하지만, 전 침대에서 일어나면 더 이상 이 곳에 남아 있고 싶지는 않아요.."

그리고는 한층 더 낮은 목소리로 말했다.

"로잘리는 지금 어디 있어요?"

남작은 대답했다.

"그 애를 다시 만나선 안 돼."

그러나 잔은 고집을 부렸다.

"어디 있어요? 알고 싶어요."

남작은 로잘리가 아직 레페플에 있다는 것을 털어놓았다. 그러나 곧 집을 나가게 될 것이라고 분명하게 말했다. 잔의 방을 나온 순간 남작은 아버지로서 노여움이 치솟아, 쥘리앵에게 화를 내며 소리쳤다.

"자네 행실에 대해 해명을 듣고 싶네. 자네는 하녀와 같이 내 딸을 속인 거야. 이건 도저히 용서할 수 없는 파렴치한 행위야!"

그러나 쥘리앵은 자신의 결백을 내세우며, 하느님의 이름을 걸고 극구 부인했다. 오히려, 무슨 증거가 있느냐? 잔이 미친 것 아니냐? 열병에 걸린 환자 아니냐? 한밤중에 정신이 이상해져 눈 속으로 뛰어나간 것 아니냐고 소리쳤다. 쥘리앵은 펄펄 뛰면서 고소하겠다고 위협했다.

그러자 남작은 오히려 당황해서 변명을 했다. 하지만 쥘리앵은 막무가내였다. 남작을 통해 쥘리앵의 말을 듣고도 잔은 별로 놀라지 않았다.

그녀는 남작에게 말했다.

"거짓말하는 거예요. 하지만, 언젠가는 진실이 밝혀지도록 하겠어요."

이틀 동안 잔은 아무와도 이야기하지 않고 생각에 잠겼다. 그리고 사흘째 되는 날 아침, 잔은 로잘리를 보고 싶다고 했다. 남작은 로잘리는 벌써 집을 나갔다고 말했다. 그러나 잔은 계속 고집을 부렸다.

"그렇다면 로잘리가 있는 곳에 사람을 보내서 데려와 주세요."

의사가 왔을 때, 잔은 몹시 화가 나 있었다. 잔은 울음을 터뜨리며 외치다시피 소리를 질렀다.

"로잘리를 만나 보고 싶어요. 로잘리를 데려다 줘요!"

의사는 잔의 손을 잡고 낮은 소리로 말했다.

"부인, 진정하십시오. 흥분하시면 위험합니다. 부인의 배에는 지금 아기가 자라고 있습니다."

잔은 이 말을 듣자, 무엇에 머리를 세게 얻어맞은 듯 놀랐다. 순간 몸속에서 무엇인가 움직이는 듯했다. 그 후, 잔은 자기 생각에 열중해서 조용히 입을 다물고 있었다. 자기 배 안에서 어린애가 자라고 있다는 것이 너무나 새롭고도 신기했다. 잔은 잠을 이룰 수가 없었다. 그러나 그 아이가 쥘리앵의 자식이라고 생각하자 너무 가슴이 아팠다. 쥘리앵을 닮으면 어쩌나 하는 근심과 함께 불안한 마음도 들었다.

아침이 되자, 잔은 남작을 불렀다.

"아버지, 결심했어요. 이제는 모든 것을 알아야겠어요. 아시겠죠? 지금 같은 상태에서 제 기분을 거슬러서는 안 된다는 걸 잘 아실 거예요. 신부님을 불러 주세요. 신부님 앞에서라면 로잘리도 거짓말을 못할 거예요. 그리고 아버지와 어머니는 저 뒤에 숨어 계세요. 무엇보다 쥘리앵이 눈치를 채지 않도록 조심하시고요."

한 시간 후에 신부가 왔다. 전보다도 더 살이 쪄서, 아델라이드 부인처럼 숨을 헐떡이고 있었다. 의자에 앉자, 늘 하던 대로 이마의 땀을 닦으며 농담을 던졌다.

"남작 부인, 우리 두 사람은 살이 안 빠질 모양입니다그려. 제 생각에 우리는 아주 어울리는 한 쌍이죠."

그리고는 잔이 누워 있는 침대 쪽으로 고개를 돌렸다.

"듣자니까 곧 새로운 명명식이 있을 거라고 하던데요? 하하하."

그 때 문이 열렸다.

로잘리는 울상이 되어, 들어오고 싶지 않은 듯 문을 잡고 서 있었다. 견디다 못한 남작이 방 안으로 로잘리를 떠다 밀었다.

로잘리는 두 손으로 얼굴을 가리고 울고 있었다. 잔은 로잘리의 모습을 보자 창백한 얼굴로 일어나 앉았다. 숨이 막혀 그녀는 제대로 말을 할 수가 없었다.

이윽고 잔은 더듬거리며 말했다.

"나는……. 나는……. 네게 물을 필요가 없어……. 내 앞에서……. 네, 네가……. 부끄러워하는……. 것만으로도 충분해."

잔은 숨이 차서 다시 한 번 숨을 가다듬고, 계속 말을 이었다.

"하지만, 나는 전부 알고 싶은 거다, 전부……. 전부를. 너에게 참회를 시키려고 신부님을 오시라고 한 거야. 알겠니?"

로잘리는 꼼짝도 하지 않고 선 채로, 경련이 이는 손가락 사이로 외치는 듯한 울음소리를 내고 있었다. 분노가 치밀어올라 남작은 로잘리의 팔을 움켜잡고는 잔의 침대 앞에 무릎을 꿇게 했다.

"자, 말을 해! 대답하란 말야!"

로잘리는 두 손으로 얼굴을 가린 채 마룻바닥에 웅크리고 있었다.

곧 사태를 파악한 신부가 무겁게 입을 열었다.

"자, 묻는 것을 잘 듣고 대답해라. 우리는 너를 해치려는 게 아니니까. 그저 무슨 일이 일어났는지를 알고 싶을 뿐이야."

잔은 침대 끝으로 몸을 내밀고 로잘리를 바라보며 말했다.

"내가 쥘리앵의 방에 들어갔을 때, 쥘리앵의 이불 속에 함께 있었던 건 사실이지?"

"네, 아씨."

로잘리는 얼굴을 가린 손가락 사이로 신음하듯 대답했다. 그러자 갑자기 아델라이드 부인도 큰 소리로 울기 시작했다. 잔은 하녀를 똑바로 쏘아보며 물었다.

"언제부터 그런 일이 생긴 거냐?"

로잘리는 더듬거리며 말했다.

"이 곳으로 오시고 나서부터예요."

잔은 알 수가 없었다.

"온 후부터? 그렇다면 봄, 봄부터란 말이냐?"

"네, 아씨."

"처음 이 집을 방문했을 때부터?"

"네, 아씨."

잔은 한꺼번에 수많은 의문이 생기는 듯 다급한 목소리로 물었다.

"어떻게 그렇게 됐니? 어떻게 너를 유혹했니? 네게 무슨 말을 했어? 넌 어떻게 그런 짓을 한 거야?"

그러자 로잘리는 얼굴에서 손을 내리고는 분명하게 말했다.

"어떻게 말씀드려야 할지……. 처음으로 레푀플에서 식사를 하시던 날 제 방으로 오셨습니다. 다락방에 숨어 계셨습니다. 저는 소문이 날까 봐 소리도 지르지 못했어요. 그 때는 저도 제가 무얼 하고 있는지 잘 몰랐습니다. 서방님은 하고 싶으신 대로 하셨습니다. 서방님이 퍽 잘생기셨다고 생각했어요."

잔은 비명을 지르기라도 하듯 큰 소리로 말했다.

"그럼……. 네, 네 아이는 쥘리앵의 아이냐?"

"네, 아씨."

로잘리는 흐느끼며 대답했다.

방 안에는 로잘리와 아델라이드 부인의 흐느낌뿐이었다. 잔은 온몸에 힘이 빠졌다. 그녀의 눈에서도 눈물이 흘렀다. 로잘리의 아이와 내 아이의 아버지가 같은 사람이라니! 잔은 이제 분노도 느껴지지 않았다. 오직 슬프고, 끝없는 절망에 가슴이 아팠다.

잔은 눈물 젖은 목소리로 말을 계속했다.

"우리가 여행에서 돌아오고 난 뒤에는……. 쥘리앵은 또 언제부터 너와 같이 잔 거니?"

로잘리는 바닥에 쓰러지며 중얼거렸다.

"돌아오시던……. 그날 밤부터 오셨어요."

로잘리의 한 마디 한 마디가 잔의 마음을 쥐어뜯었다.

이제는 더 알고 싶지도 않았다. 그녀는 소리쳤다.

"이제 그만 나가! 나가!"

로잘리가 꼼짝하지 않자, 기진맥진한 잔은 아버지를 불렀다.

"이 애를 데려가 줘요. 끌어 내세요."

지금까지 한 마디도 하지 않고 있던 신부가 입을 열었다.

"애야, 네가 한 짓은 정말 나쁜 짓이야. 관대하신 하느님도 너를 쉽게 용서하지는 못하실 게다. 앞으로 올바른 행실을 하지 않으면 너를 기다리는 것은 지옥뿐이라는 사실을 명심해라. 너도 이제 자식이 있으니 처신을 단정히 해야 해. 아델라이드 부인께서도 너를 도와주실 거야. 우리도 네가 좋은 신랑감을 얻도록 해 주마."

신부는 좀더 이야기하고 싶었지만, 남작은 로잘리의 어깻죽지를 움켜잡고 짐짝처럼 복도로 밀어던져 버렸다. 남작은 딸보다 더 창백한 얼굴빛으로 들어왔다. 신부는 말을 계속했다.

"그렇다고 어쩌겠습니까? 이 지방의 계집아이들은 다 저 모양입니다. 한심한 노릇이지만 어쩔 수 없는 노릇이죠."

그리고는 덧붙여 말했다.

"지방의 풍습이라고나 할까요. 애들까지 본받고 있어요. 그러고 보면 댁의 하녀도 다른 애들과 별반 다름없는 짓을 한 것뿐이지요."

그러나 흥분에 떨고 있던 남작은 그 말을 가로막았다.

"로잘리 말씀이오? 그앤 아무 상관 없어요! 나를 화나게 하는 건 쥘리앵이요. 그 녀석의 비열하기 짝이 없는 행동 말입니다. 아무튼 나는 딸을 데리고 가겠어요."

남작은 여전히 화가 나서 방 안을 왔다갔다했다.

"내 딸을 그런 식으로 배신하다니, 파렴치한 놈 같으니. 불한당 같은 놈! 저놈은 악당이야. 더러운 놈. 내 지팡이로 때려죽이고 말 테다!"

그러나 눈물에 젖은 아델라이드 부인과 나란히 앉아 조종자인 자기의 역할을 어떻게 수행할까 궁리하던 신부가 다시 말을 계속했다.

"보세요, 남작. 이건 우리 남자끼리니까 하는 말입니다만, 그 사람도 남들이 다 하는 짓을 했을 뿐이라고 볼 수 있지요. 이 세상에 부인에게 충실하다는 남편이 얼마나 있겠습니까?"

그리고는 말을 덧붙였다.

"남작 자신은 어떠셨나요? 양심을 속이지 말고 대답해 보세요."

남작은 가슴이 뜨끔해서 우두커니 서 있었다. 신부는 계속했다.

"물론 남작께서도 그러셨겠지요? 세상 사람들은 누구나 다 같다고 볼 수 있지요. 그렇다고 부인께서 불행했다거나, 남편의 사랑을 덜 받으셨다거나 한 것도 아닐 거예요. 그렇지요?"

남작은 정신이 혼란해져 꼼짝도 하지 않은 채 서 있었다.

'그렇다, 나도 그와 똑같은 행동을 했던 건 사실이다. 그렇다고 그것 때문에 나는 짐승만도 못한 인간이 되었던가? 내 행위가 죄스러웠다는 생각은 꿈에도 해 보지 않았으면서, 어째서 쥘리앵의 행위는 그처럼 엄하게 다스리려는 건가?'

잔은 지쳐서 똑바로 누운 채 눈은 천장을 향해 있었다. 팔을 힘없이 늘어뜨리고 괴로운 생각에 잠겼다.

로잘리의 말 한 구절이 자꾸 되살아나, 그녀의 마음을 아프게 했다.

'서방님이 잘생기셨다고 생각했기 때문에 아무 말도 하지 않았어요.'

잔도 역시 쥘리앵이 잘생긴 사람이라고 생각했다. 단지 그 한 가지 이유 때문에 쥘리앵과 일생을 약속했던 것이다. 그녀가 꿈꾸었던 모든 희망과 계획을 포기하면서……. 잔은 결혼이라는 함정 속에 빠져 버리고 만 것이다. 로잘리와 같이 그를 잘생긴 남자라고 생각했기 때문에!

그 때 갑자기 문이 열리더니 쥘리앵이 화난 표정으로 들어섰다. 그는 흐느껴 울고 있는 로잘리를 발견하고는, 로잘리가 모든 것을 이야기해 버렸다는 것을 알았다. 그리고 모두들 자기를 벌하기 위해 무슨 일인가를 꾸미고 있으리라는 것을 알아차렸다. 그러나 신부를 보자 그는 못 박힌 듯 그 자리에 섰다. 쥘리앵은 떨리지만 침착한 목소리로 물었다.

"무슨 일입니까? 웬일이세요?"

조금 전까지만 해도 펄펄 뛰던 남작도 지금은 입을 열지 못했다. 아델라이드 부인은 아까보다 더 많은 눈물만을 흘리고 있었다. 그러나 잔은 두 손을 잡고 일어나 앉아서 숨을 헐떡이며 쥘리앵을 쏘아보았다.

그녀는 중얼거리듯이 말했다.

"무슨 일이라니요. 우리는 이제 다 알았어요. 당신의 그 파렴치한 행실을 우리는 하나도 남김없이 다 알고 있어요. 당신이 처음으로 이 집에 온 날부터……. 로잘리의 자식이 바로……. 바로……. 내 자식과 마찬가지로 당신의 자식이라는 걸. 그 두 아이가 서로 형제라는 걸……."

견딜 수 없는 고통을 느끼며 잔은 이불 속에 얼굴을 묻더니 흐느껴 울었다. 쥘리앵은 입만 딱 벌리고 선 채 아무 말이 없었다.

신부가 말했다.

"자, 젊은 마님. 그렇게 슬퍼만 하지 말고, 정신을 차리세요."

신부는 따뜻한 손으로 잔의 이마를 짚었다. 잔은 마음이 차분하게 가라앉는 것을 느꼈다. 신부는 선 채로 말을 이었다.

"부인, 언제나 용서할 줄 알아야 합니다. 지금 부인에게는 큰 불행이 닥쳐왔어요. 그러나 자비로우신 하느님께서는 반드시 더 큰 행복으로 지금의 이 불행을 보상해 주실 겁니다. 부인은 지금 어머니가 되려고

합니다. 그 아이의 이름으로 쥘리앵 씨의 잘못을 용서해 주세요. 그 용서는 두 분 사이에 새로운 인연이 되고, 쥘리앵 씨의 지조를 지키는 힘이 될 것입니다. 부인은 이분의 아이를 뱃속에 가지고 계시면서도 이분과 헤어지려고 하는 건가요?"

잔은 대답하지 않았다. 슬픔에 억눌리고 기진맥진해져, 분노를 느끼거나 원한을 품을 기운도 없었다. 신경이 서서히 끊어지는 듯했다. 겨우 목숨이 붙어 있는 것처럼 느껴졌다.

다른 사람을 원망할 줄 모르는 아델라이드 부인이 중얼거렸다.

"얘, 잔⋯⋯."

신부는 쥘리앵의 손을 끌어 침대 곁으로 가서 잔의 손에 쥐어 주었다. 그리고 두 사람을 더욱 굳건히 맺어 주려는 듯 그 위를 가볍게 치며 이렇게 말했다.

"자, 이제 됐습니다. 이러는 편이 모두를 위해 좋을 것입니다."

잠시 맞붙어 있던 두 손은 이내 다시 떨어졌다.

쥘리앵은 아델라이드 부인의 이마에 키스를 한 다음 남작의 팔을 잡았다. 남작은 일이 잘 진행된 듯하여 속으로 기뻐했다. 쥘리앵과 남작은 담배를 피우기 위해 밖으로 나갔다.

기운이 다 빠지고 지쳐 버린 잔은 곧 잠이 들었다. 신부와 아델라이드 부인은 낮은 목소리로 무엇인가를 이야기하고 있었다. 신부는 계속 자기 생각을 설명했다.

아델라이드 부인은 계속해서 고개를 끄덕거리며 신부의 말에 찬성한다는 뜻을 내비쳤다. 신부는 마침내 결론을 내렸다.

"그럼, 그렇게 합시다. 저 애에게 바로빌 농장을 주십시오. 저는 저 애의 남편감을 구해 보도록 하겠습니다. 2만 프랑의 재산이 있는 사람이라면 누구든 오려고 할 겁니다."

이제는 아델라이드 부인도 만족한 미소를 띠고 있었다.

부인은 다시 한 번 다짐을 했다.

"그럼, 그렇게 하는 걸로 하지요. 바로빌 농장은 아무리 헐값으로 판다고 해도 2만 프랑은 충분히 될 거예요. 하지만 명의는 아이 앞으로 하겠어요. 그 아이의 부모들은 살아 있는 동안 농장에서 나는 수입으로 살아가는 걸로 하고요."

신부는 일어나며 아델라이드 부인의 손을 잡았다.

"그대로 계세요, 남작 부인. 일어나지 마시고요. 한 걸음 내딛는 것도 얼마나 힘들어하시는지를 잘 알고 있으니까요."

신부는 방을 나서려다 잔의 병문안을 오는 리종 이모를 만났다.

리종 이모는 아무것도 알지 못했다. 그녀에게는 누구도 이 일에 대해 이야기해 주지 않았던 것이다.

폴의 탄생

로잘리는 레푀플 저택을 떠났다. 잔은 고통스러운 나날을 보내며 출산일을 기다렸다. 하지만, 어머니가 된다는 데 대해 아무런 기쁨도 느끼지 못했다. 그만큼 잔의 슬픔은 너무나도 큰 것이었다. 잔은 아무런 호기심과 기대도 없이 아기가 태어날 날을 기다리고 있었다.

어느덧 봄이 찾아왔다. 아직도 선선한 바람 속에서 나무들은 떨고 있었지만, 숲에서는 노란 앵초 싹이 돋아나고 있었다. 대지 위에는 수많은 푸른 싹들이 갈색 땅에서 얼굴을 내밀고 햇빛에 반짝거렸다.

로잘리를 대신해 몸집이 큰 여인이 남작 부인의 산책을 도와주고 있었다. 단조로운 산책길에는 전보다 깊이 팬 발자국이 남아 있었다.

남작은 이제 제법 몸이 무거워진 잔을 부축했다. 리종 이모는 잔의 다른 쪽을 부축해 주었다. 그들은 이렇게 몇 시간을 말없이 산책했다.

쥘리앵은 말을 타고 부근을 뛰어다니는 데에 재미를 붙였다. 이들의 단조롭고 울적한 생활을 깨뜨릴 만한 것은 아무것도 없었다. 언젠가 남작은 아델라이드 부인과 쥘리앵을 데리고 푸르빌 댁을 한 번 방문했다. 어찌된 일인지 쥘리앵은 이 집안과 꽤 친밀한 사이인 것 같았다.

텅 빈 소리가 울릴 것만 같은 큰 저택에 조용히 살고 있는 브리즈빌가의 사람들도 방문한 적이 있었다.

어느 날 오후 네 시쯤, 말을 탄 남녀 두 사람이 저택의 앞뜰로 들어섰다. 쥘리앵은 몹시 흥분한 듯한 얼굴로 잔의 방으로 뛰어들었다.

"빨리, 빨리 내려가! 푸르빌 부처가 왔어. 당신이 몸이 불편한 것을 알고 이웃 사람들의 도리로 인사를 하러 온 거야. 나는 외출했지만 곧 돌아올 거라고 말해요. 옷을 갈아입고 올 테니까."

잔은 놀라서 아래층으로 내려갔다. 얼굴빛이 창백하고 금발 머리를 한 부인이 서 있었다. 그녀는 길고 붉은 수염이 난, 커다란 도깨비를 연상시키는 남편을 소개하며 말했다.

"우리는 몇 번 라마르 자작과 만날 기회가 있었답니다. 그분께서 부인이 요즘 몸이 불편하다고 말씀하셔서 알았어요. 그래서 그저 이웃으로서 가볍게 인사나 하려고 왔지요. 보시다시피 그냥 이렇게 승마복을 입은 채 말을 타고 왔죠. 지난번, 아델라이드 부인과 남작께서 저희 집을 방문해 주셔서 정말 기뻤어요."

부인은 세련되고 정다우면서도 품위 있는 태도로 이야기했다. 잔은 그녀가 마음에 들었다.

'친구가 될 수 있을 것 같아.'

하고 그녀는 생각했다.

부인과는 반대로 푸르빌 백작은 객실에 들어와 있는 곰 같은 인상을 주었다. 자리에 앉자 옆에 모자를 놓고, 자기 손을 무릎 위에 놓았다가, 다시 안락의자 손잡이에 얹기도 하고, 나중에는 기도를 하듯이 깍지를 끼기도 하는 등 안절부절못했다.

갑자기 쥘리앵이 들어왔다. 잔은 놀라서 쥘리앵을 얼른 알아보지 못했다. 깨끗하게 면도를 한 쥘리앵은 약혼 시절 때처럼 잘생기고 우아하며 매력적이었다. 쥘리앵은 백작에게 다가가 그의 털북숭이 손을 잡고 악수를 했다. 그제서야 푸르빌 백작은 잠에서 깬 듯한 얼굴로 상대방을 마주 보았다. 쥘리앵은 백작 부인의 손에 키스를 했다. 백작 부인의 상아빛 볼이 발그레해지며 눈꺼풀이 바르르 떨렸다.

쥘리앵은 유쾌하게 이야기를 시작했다. 예전처럼 그 상냥한 모습과 태도 그대로였다. 두 눈은 사랑스런 눈빛을 띠고 있었다. 조금 전까지만 해도 거칠기 짝이 없던 머리카락은 손질을 하고 기름을 발라 부드럽게 물결을 이루고 있었다.

돌아가려고 할 때, 백작 부인이 쥘리앵에게 말했다.

"자작님, 이번 주 목요일에 같이 말을 타지 않겠어요?"

"네, 좋습니다, 부인."

하고 쥘리앵이 고개를 숙이며 대답했다. 부인은 잔의 손을 잡고 정다운 미소를 띠며 또렷하게 말했다.

"부인께서 몸이 다 나으면 셋이 함께 말을 타고 이 근처를 산책해요. 정말 재미있을 거예요, 그렇죠?"

그리고는 승마복의 뒷자락을 올리고 사뿐히 말안장 위에 올랐다. 푸르빌 백작은 어색하게 인사를 하고 나서 말에 올라타고는 몸을 꼿꼿이 세웠다. 두 사람의 모습이 사라지자, 쥘리앵은 기분이 좋은 듯 외쳤다.

"정말 매력 있는 사람들이야. 푸르빌 백작 부부와 가까이 지내는 게 우리한테도 좋을 거야."

잔도 왠지 기분이 좋아서 대답했다.

"백작 부인은 사람이 참 좋아 보여요. 그 사람과는 친해질 수 있을 것 같아요. 하지만, 푸르빌 백작은 마치 곰 같더군요. 쥘리앵, 당신은 그 사람들을 어떻게 알게 됐어요?"

쥘리앵은 유쾌한 듯 손을 비비며 말했다.

"우연히 브리즈빌 댁에서 만났지. 푸르빌 백작은 좀 거친 것 같기도 해. 사냥을 정말 좋아하더군. 아무튼 진짜 귀족이야."

숨어 있던 행복이 다시 돌아온 듯, 저녁식사는 정말 즐거웠다. 그리고 7월 말까지는 별다른 일 없이 지나갔다.

어느 화요일 저녁 무렵이었다. 플라타너스 밑에 놓인 식탁에 앉았던 잔이 갑자기 외마디 비명을 질렀다. 그리고는 얼굴빛이 창백하게 변하더니 두 손으로 배를 감싸쥐었다. 날카로운 고통이 잔의 온몸을 사로잡았다. 남작과 쥘리앵의 부축을 받으며 가까스로 집에 들어갔다.

플라타너스에서 자기 방까지의 짧은 거리가 한없이 멀게만 느껴졌다. 잔은 참을 수 없는 통증에 자기도 모르게 신음 소리를 냈다. 시몽 영감은 의사를 부르러 달려갔다. 의사는 자정이 되어서야 도착했다. 그리고 조산이라고 말했다.

침대에 눕자 통증이 가라앉는 것 같았다. 하지만, 무서운 불안이 잔을 엄습했다. 죽음이 바로 자신의 곁에 있는 것만 같은 예감에 사로잡혔다. 방 안은 사람들로 가득 찼다. 아델라이드 부인은 안락의자에 앉아 숨을 헐떡거리고 있었다. 남작은 쉴새없이 뛰어다니면서 물건을 가져다주기도 하고, 의사와 의논을 하기도 하는 등 안절부절못하고 있었다. 쥘리앵도 초조한 표정으로 왔다갔다했지만, 속마음은 냉정하기만 했다.

산파인 당튀 부인은 어떤 일이 일어나도 놀라지 않을 것 같은 표정으로 침대 곁에 서 있었다. 찬모인 뤼디빈과 리종 이모는 현관 뒤에 조심스럽게 기대어 있었다. 잔은 가끔 약한 신음 소리를 냈다. 잔은 악문 이빨 사이로 자기도 모르게 비명을 지르며 로잘리를 생각했다. 로잘리는 조금도 괴로워하지 않았다. 신음 소리도 별로 내지 않았고 별다른 진통도 없이, 로잘리의 아이는 세상에 나오지 않았던가.

잔은 로잘리와 자신을 끊임없이 비교해 보고 있었다. 진통이 좀 가라앉으면 쥘리앵에게서 눈을 떼지 않았다. 잔은 로잘리가 아이를 낳던 날의 기억이 또렷이 되살아났다. 그 때의 쥘리앵의 몸짓, 눈빛, 말씨 등을 회상했다. 잔은 지금 쥘리앵에게서 무관심과 따분해하는 표정을 읽을 수 있었다. 로잘리가 아기를 낳던 때와 별반 다르지 않았다. 그리고 아버지가 된다는 데 화가 나 있는 이기적인 냉혹성도 들여다보고 있었다. 다시 심한 통증이 왔다.

"죽을 것만 같애. 아, 죽겠어……."

통증이 너무 심해 잔은 이렇게 외쳤다. 잠시 후, 갑자기 고통이 사라지며, 갓난아기의 약한 울음소리가 들렸다. 잔은 무의식적으로 두 팔을 뻗으려고 했다. 새로운 환희가 그녀 안에 가득 찼다. 순식간에 몸이 홀가분해지며 새로운 기쁨에 휩싸였다. 잔은 자기가 엄마가 된 것을 느꼈다. 출산일보다 일찍 태어났기 때문에 아기는 아직 머리카락도, 손톱도 없었다. 아기가 입을 벌리고 우는 모습을 보았을 때, 주름살투성이의 찡그린 얼굴을 어루만졌을 때 잔은 걷잡을 수 없는 기쁨을 느꼈다.

잔은 자신이 모든 절망으로부터 벗어났음을 깨달았다. 사랑을 쏟을 수 있는 대상 하나를 얻은 것이다. 그 이후, 잔의 머릿속에는 온통 아기에 대한 생각으로 가득 찼다. 잔은 열성적인 어머니가 되었다. 사랑에 속고, 희망이 깨진만큼 더욱더 아기에게 사랑과 애정을 쏟았다. 항상 요람을 침대 곁에 두게 했고, 움직일 수 있게 되자 창가에 앉아 요람을 흔들면서 며칠을 보내기도 했다. 아기를 단장시키기 위해 헝겊에 수를 놓기 시작했다. 얇은 레이스가 달린 옷을 입히고, 예쁜 모자도 씌웠다.

잔은 이제 다른 사람들과 이야기를 할 때도 아기에 관한 이야기밖에는 하지 않았다. 그리고 아기 옷이라든가 턱받이, 리본 따위를 자랑했다. 그녀는 여러 가지 헝겊조각을 오랫동안 매만지며 혼자 좋아하곤 했다. 그러다가 갑자기 묻곤 했다.

"이거 어때요? 우리 아기한테 잘 어울릴 것 같지 않아요?"

남작과 아델라이드 부인은 아기에 대한 딸의 열광적인 모성애를 웃으며 바라보았다. 그러나 쥘리앵은 아기에 대해 화를 내고 신경질을 부렸다. 이 작은 폭군이 태어나면서부터, 자기 마음대로 하던 평상시의 모든 습관이 흐트러졌기 때문이다. 쥘리앵은 이 조그만 아이에게 질투를 느끼고 화를 내며 언제나 이렇게 말했다.

"저 쪼그만 녀석이 나온 뒤부터는 모든 게 다 귀찮아졌어!"

잔의 아기에 대한 정은 더욱 깊어 갔다. 밤에도 자지 않고 아기가 자는 모습을 지켜봤다. 아기에 대한 관심이 지나쳐, 잔은 기운이 다 빠지고, 식사도 제대로 못위더니, 급기야는 여위고 기침까지 하게 되었다.

의사는 잔과 아기를 떼어놓도록 명령했다. 그래서 아기는 유모 곁에서 자게 되었다. 잔은 화를 내기도 하고 울기도 하며 애원했지만, 아무도 들어주지 않았다. 밤마다 잔은 몰래 열쇠 구멍에 귀를 대고 어린애의 동태를 살펴봤다. 잠은 잘 자고 있는지, 깨지는 않았는지, 부족한 것은 없는지 등을 엿보는 것이다.

어느 날 쥘리앵에게 이 모습을 들키고 말았다. 쥘리앵은 푸르빌 댁의 만찬에 초대됐다가 밤늦게 돌아오는 길이었다. 그 후로 밤이면 잔의 방에 자물쇠가 채워졌다.

아기의 세례식은 8월 말에 있었다. 남작은 대부가 되고, 리종 이모는 대모가 되었다. 아기에게는 피에르 시몽 폴이란 이름이 지어졌다. 평소에는 짧게 폴이라 부르기로 했다. 리종 이모는 9월 초에 돌아갔다.

어느 날, 저녁식사를 마칠 때쯤 신부가 왔다. 신부는 무슨 비밀 이야기라도 할 게 있는 지, 긴장된 표정이었다. 몇 마디 잡담을 나누고 나서 아델라이드 부인과 남작에게 함께 의논할 일이 있으니 시간을 내 달라고 말했다.

세 사람은 가로수 길을 천천히 걸으며 활기띤 대화를 나누는 듯했다. 잔과 같이 쥘리앵은 거실에 남겨졌다. 쥘리앵은 대화에 자기를 빼돌린 데 대해 화를 냈다. 이윽고 작별인사를 하고 저택을 떠나는 신부를 쥘리앵이 따라나섰다. 두 사람은 종소리가 울려오는 교회 쪽으로 사라져 갔다. 찬 바람이 부는 쌀쌀한 날씨였다.

갑자기 쥘리앵이 화가 나서 빨개진 얼굴로 들어왔다. 문간에 잔이 있다는 것도 잊은 채 아델라이드 부인과 남작에게 소리쳤다.

"그 계집애에게 2만 프랑이나 주다니, 정신들이 나갔군요."

아무도 대꾸하는 사람이 없자, 화가 치민 쥘리앵은 계속 말했다.

"이렇게까지 어리석은 줄은 몰랐습니다! 우리 부부에게는 한 푼도 안 남겨 줄 생각이세요?"

그제야 냉정을 되찾은 남작이 말했다.

"조용히 하게! 아내가 앞에 있다는 것을 생각해야지."

그러나 쥘리앵은 더욱 화가 나서 발을 구르며 소리쳤다.

"그런 거 신경쓸 때가 아니에요. 그리고 아내도 무슨 일인지 그 정도 는 알고 있습니다. 이건 우리 부부 재산을 훔치는 것하고 다를 바 없 는 짓이에요!"

잔은 무슨 영문인지 몰라 눈을 휘둥그렇게 떴다.

"대체 무슨 일이에요?"

쥘리앵은 잔에게 남작 부부가 로잘리를 시집보내기 위해 2만 프랑의 값이 나가는 바르빌의 농장을 주려 한다는 것을 이야기했다.

"아무튼 당신 부모는 정신이 나갔어. 어디 창고에라도 가두어 놔야만 될 미치광이들이야. 2만 프랑, 2만 프랑이라니! 머리가 돌았어!"

쥘리앵은 정신없이 이 말만을 되풀이했다.

잔은 마음의 동요나 노여움도 없이 쥘리앵의 이야기를 듣고 있었다. 스스로도 자신이 이렇게 침착할 수 있다는 사실이 놀라웠다. 잔에게 이 제는 아들 폴과 관계없는 일에는 어느 것에도 관심이 없었다.

남작은 기가 막혀 아무 말도 할 수가 없었다. 그러나 마침내 분노가 폭발해 발을 구르며 소리쳤다.

"자네 정신 좀 차리고 말을 하게. 너무 심한 것 아닌가? 로잘리에게 돈을 주게 만든 사람이 대체 누구야? 그 어린아이는 누구 자식이고? 이제는 아예 내버리기까지 하겠다는 말인가?"

쥘리앵은 남작의 화난 모습에 놀라 가만히 쳐다보고만 있었다. 그리고는 다소 누그러진 말투로 이야기했다.

"그래도 천 5백 프랑 정도면 충분하지 않습니까? 이 지방에서 애를 가지고 결혼하는 처녀애들은 많습니다. 그렇게 따지고 보면 어린아이가 누구 자식이든 상관없는 일이지요. 2만 프랑이나 나가는 농장을 주면 당연히 우리에게 손해되는 일일뿐만 아니라, 세상 사람들에게 사건을 알리는 것이나 마찬가지잖아요? 우리의 가문이나 지위 같은 것도 좀 생각을 하셔야지요."

쥘리앵은 자신의 말에 확고한 신념을 가지고 있는 듯 위엄있는 목소리로 말했다. 남작은 쥘리앵의 논조에 얼떨떨해져서 입을 벌린 채 가만히 서 있었다. 그러자 쥘리앵은 더욱 기세등등하여 자기가 옳다며 결론을 내렸다.

"아직 실행에 옮긴 것은 아니니까 다행입니다. 저는 로잘리와 결혼하려고 하는 사내를 알고 있습니다. 괜찮은 사람이죠. 그 녀석이라면 모든 일이 다 잘될 것입니다. 이번 일은 제가 맡겠습니다."

쥘리앵은 사람들이 아무 말이 없자 찬성의 의미로 받아들이고, 밖으로 나가 버렸다. 쥘리앵이 나가자 남작은 몸을 떨며 소리쳤다.

"정말 지독한 놈이야! 너무하군. 너무해!"

그러나 잔은 갑자기 웃음을 터뜨리기 시작했다. 예전에 무슨 우스꽝스러운 것을 보았을 때 터뜨리곤 했던 그런 명랑한 웃음이었다.

"아버지, 아버지! 그 사람이 2만 프랑, 2만 프랑! 하고 소리치던 목소리 들으셨어요?"

눈물을 흘리다가도 금방 명랑해지는 아델라이드 부인은 사위의 화났던 얼굴을 생각하고는 눈물이 날 만큼 몸을 흔들며 웃었다. 게다가 잔의 기분이 유쾌해 보이자 더욱 즐거웠다.

그러자 남작도 웃음을 터뜨렸다. 세 사람은 지난날의 행복했던 시절처럼 허리가 끊어지도록 웃어 댔다.

조금 진정이 되자, 잔이 놀란 듯이 입을 열었다.

"참 이상해요! 전 이제 그 사람이 남같이 느껴져요. 내가 그이의 아내라는 사실을 믿을 수가 없어요. 그 사람의 무례한 모습이 남의 일처럼 그냥 우습기만 해요."

그리고는 세 사람이 또다시 한바탕 웃음을 터뜨렸다.

그 후 이틀이 지났다. 아침식사가 끝나고 쥘리앵은 말을 타러 나가고 없었다. 스물두서너 살 되어 보이는 체격 좋은 사내가 쿠이야르 댁 저택을 방문했다. 주름이 잡힌 헐거운 팔소매에 팔목엔 단추를 낀 푸른색 작업복을 입고 있었다. 그는 플라타너스 밑에 앉아 있는 남작과 부인에게로 다가왔다. 모자를 벗고, 어색한 표정으로 더듬거리며 인사를 했다.

"안녕하십니까, 남작님, 부인, 그리고 아씨?"

그리고는 자신의 이름을 댔다.

"저는 데지레 르콕입니다."

한 번도 들어 보지 못한 이름이라 남작이 물었다.

"무슨 일로 왔나?"

그러자 젊은이는 자기의 용건을 설명하기가 난처한 듯 머뭇거리다가 이렇게 말했다.

"이 일은 신부님께서 몇 말씀 귀띔해 주셨습니다만……."

거기까지만 말하고 젊은이는 다시 입을 다물었다. 그러나 남작은 무슨 소리인지 알아듣지 못해 되물었다.

"무슨 일이라고? 난 잘 모르겠는데."

그러자 젊은이는 목소리를 낮추더니 결심한 듯 말했다.

"댁의 하녀 되는 사람……. 로잘리 일로 해서……."

잔은 눈치를 채고 폴을 안고 자리를 떴다.

"자, 가까이 오게나."

하고 남작은 잔이 앉았던 의자를 가리켰다.

"감사합니다. 나리께서는 참 친절하십니다."

농부는 자리에 앉으며 중얼거렸다. 그리고는 더 이상 할 말이 없는 듯, 말이 나오기를 기다리고 있었다. 꽤 오랫동안 잠자코 있다가 마침내 결심을 한 듯 푸른 하늘을 쳐다보며 말했다.

"요즘은 무척 날씨가 좋습니다."

그리고는 다시 입을 다물었다.

남작은 참다못해 통명스러운 어조로 덧붙였다.

"그러면 로잘리한테 장가를 들겠다는 사람이 자넨가?"

이 말을 듣자 젊은이는 금세 불안해졌다. 아까보다 더 경계하면서 강한 어조로 대답했다.

"그게 말이지요, 그것 나름으로 할 수도 있고 안할 수도 있지요. 그 나름에 따라서는……."

그러나 이와 같은 애매한 말투에 남작은 화가 벌컥 났다.

"젠장! 분명하게 말해 봐. 그것 때문에 온 거지! 그렇지? 그런가, 안 그런가? 로잘리와 같이 살겠단 말이야, 아니야?"

사내는 당황해서 발등만 내려다보며 이렇게 말했다.

"신부님께서 말씀하시는 대로라면 데려가겠지만 쥘리앵 서방님 말씀 대로라면 저는 싫습니다."

"쥘리앵이 뭐라고 말하던가?"

"쥘리앵 서방님은 제게 천5백 프랑을 주시겠다고 하시더군요. 신부님 께서 말씀하실 때는 2만 프랑은 받게 될 거라고 그러셨는데요. 2만 프랑이라면 결혼을 하겠지만, 천5백 프랑이라면 아무래도……."

그러자 안락의자에 푹 파묻혀 있던 남작 부인이 킬킬 웃기 시작했다.

이 시골 사나이의 불안스러운 꼴에 웃음이 나왔던 것이다. 젊은이는 못마땅한 듯이 곁눈으로 부인을 노려보았다. 남작은 이러한 거래에 기분이 상해서 딱 잘라 말했다.

"자네가 살아 있는 동안에는 자네 것이지만, 나중에 아이의 소유가 되도록 조처하겠다고 신부님께 얘기한 적이 있어. 그 농장은 2만 프랑은 충분히 나가는 농장이야. 나는 일구이언은 하지 않아. 어떤가? 확실하게 대답을 하게."

젊은이는 만족한 듯 웃음을 지었다. 그러자 곧 말이 많아졌다.

"어이구! 그렇다면 싫지 않습니다. 그게 좀 문제였거든요. 신부님께서 말씀하실 때 저는 주저하지 않고 대답을 드렸습니다. 아마 남작님께서도 만족하게 생각하시리라 여겼지요. 그런데 쥘리앵 서방님께서는 천5백 프랑밖에는 줄 수가 없다고 하시더군요. 그래서 저는 어떻게 된 것인지 알아봐야 되겠다 싶어서 이렇게 온 것입니다. 그저, 알고 싶어서 온 것입니다. 돈 거래가 깨끗하면 친구 관계도 깨끗하다는 말이 있습니다만, 옳은 말이지요. 남작님……."

남작은 물었다.

"그래 언제 결혼식을 할 셈인가?"

그러자 젊은이는 다시 당황한 표정을 지으며 망설였다. 그는 우물쭈물하더니 이렇게 말했다.

"우선 간단한 증서라도 하나 해 주시는 게 어떨까요?"

남작은 벌컥 화를 내었다.

"원! 나중에는 별소리를 다 듣는군. 결혼을 하면 결혼 증서가 작성이 될 것 아닌가. 그거면 됐지, 안 그래?"

그러나 젊은이는 끈덕지게 굴었다.

"아무튼 그 때까지라도 조그만 증서 하나만 해 주십시오. 별로 해가 될 일은 없으실 테니까요……."

남작은 자리에서 일어서며 말했다.

"할 텐가, 안 할 텐가? 당장 대답을 해. 네가 싫다고 하면 또 다른 신랑감도 있으니까."

또 다른 신랑감이 있다는 말에 교활한 노르망디 농부는 깜짝 놀랐다. 그는 암소 흥정이 끝났을 때 하듯이 손을 내밀었다.

"그렇게 하기로 하겠습니다, 남작님. 예, 그렇게 하지요. 절대로 약속을 깨거나 하지는 않겠습니다."

남작은 큰 소리로 찬모인 뤼디빈을 불렀다.

"뤼디빈, 포도주 한 병 가져와!"

계약이 성립되었다는 뜻으로 두 사람은 함께 건배했다. 젊은이는 가벼워진 발걸음으로 돌아갔다. 이 일에 대해선 아무도 쥘리앵에게 말하지 않았다.

어느 일요일 아침에 결혼식은 거행되었다. 신랑 신부의 뒤를 따라 이웃집 여자가 아기를 안고 교회로 들어갔지만 아무도 흉을 보지 않았다. 오히려 모두들 데지레 르콕을 부러워했다.

"저 녀석은 정말 엄청난 행운을 잡은 거야."

남자들은 히죽거리며 떠들어 댔다. 쥘리앵은 화가 나서 펄펄 뛰었다. 그래서 남작과 아델라이드 부인은 레푀플에 오래 머물지 못하고 돌아갔다. 잔은 별로 섭섭한 감정도 느끼지 못하고 부모님과 작별인사를 나누었다. 잔에게 있어서 지금은 오직 폴만이 행복의 샘이었기 때문이다.

아델라이드 부인의 죽음

잔은 아기를 낳은 후에 몸이 완전히 회복되었으므로, 쥘리앵과 함께 푸르빌 댁과 쿠틀리에 댁에 인사를 가기로 했다.

쥘리앵은 지붕이 없는 새 마차를 한 대 샀다. 말이 한 마리밖에 필요하지 않아 한 달에 두 번씩 외출을 할 수 있을 것이라는 계산이었다.

12월의 어느 맑은 날, 잔과 쥘리앵은 마차를 타고 달렸다. 마차는 노르망디의 벌판을 두 시간이나 달린 후, 나무가 우거진 골짜기를 내려가 달리기 시작했다. 이윽고 얼마 안 가서 목장이 나오고, 다음에는 추위에다 얼어 죽은 큰 갈대숲이 무성한 늪이 나왔다. 갈대의 긴 잎은 바람에 흔들려 소리를 내고 있었다.

계곡을 돌자, 라 브리예트의 저택이 나타났다. 저택은 뒤로는 나무가 우거진 골짜기를 등지고, 다른 한쪽으로는 큰 연못 속에 담벼락을 드리우고 있었다. 마차는 고풍스런 다리를 건너 루이 13세식의 아름다운 정원 안으로 들어섰다. 그 안에는 지붕에 작은 탑이 달린 벽돌 문틀을 가지고 있는, 루이 13세식의 우아한 저택이 서 있었다.

쥘리앵은 잔에게 이 건물에 대해 자세히 설명했다. 이 집의 사정을 속속들이 알고 있는 이 집 단골손님 같았다. 그는 이 저택의 아름다움에 취한 듯이 감탄을 그치지 않았다.

"저 정면 현관을 좀 봐! 정말 으리으리한 저택이야! 뒤쪽의 현관은 모두 연못을 향해 있어. 현관마다 연못까지 내려가는 멋진 돌층계가 놓여 있지. 그리고 연못가에는 네 척의 보트가 매여 있어. 두 척은 백작의 것이고, 두 척은 백작 부인의 것이지. 저기 오른편으로 포플러의 가로수가 보이지? 저기가 연못 끝이고, 페캉까지 흘러가는 냇물이 거기서 시작되고 있어. 이 근처에는 물새가 많아서 백작은 늘 거기서 물새 사냥하길 좋아하지. 이것이야말로 진짜 귀족의 저택이야."

문은 활짝 열려 있었다. 갑자기 얼굴빛이 창백한 백작 부인이 옛날 성주의 마님처럼 질질 끌리는 긴 옷을 입고 웃으며 방문객을 맞이하러

나왔다. 그녀야말로 백작 저택에 알맞은 호수의 여왕처럼 보였다.

거실에 있는 여덟 개의 창 중 네 개는 연못을 향해 나 있어서, 울창한 전나무 숲을 바라볼 수 있게 되어 있었다. 검은빛을 띤 그 전나무 숲은 호수를 더욱 깊게, 준엄하고 음산하게 보여 주고 있었다. 바람이 불어올 때마다 흔들리는 나무 소리가 마치 호수에서 들려오는 소리 같았다.

백작 부인은 잔을 어릴 때부터 사귄 친구인 것처럼 손을 이끌어 의자에 앉혔다. 그리고 자기도 그 옆의 낮은 의자에 앉았다. 쥘리앵은 지난날의 우아함을 되찾아 부드러운 태도로 잡담을 하며 웃고 있었다.

백작 부인과 쥘리앵은 그들이 하는 승마에 대해서 이야기했다. 백작 부인은 쥘리앵의 말타는 모습이 '비틀거리는 기사' 같다며 웃었다. 쥘리앵도 이에 지지 않고 백작 부인에게 '용감한 여왕'이란 별명을 붙여 주었다.

　그 때 갑자기 창 밑에서 총소리가 들렸다. 잔은 '앗!' 하고 소리쳤다. 백작이 오리를 쏘는 총소리였다. 백작 부인은 곧 백작을 불렀다. 배가 돌에 부딪히는 소리가 나더니 장화를 신은 뚱뚱한 백작이 들어왔다. 그 뒤를 따라 흠뻑 젖은 개 두 마리가 들어왔다. 개들은 들어오자마자 문 앞 양탄자에 배를 척 깔고 엎드렸다.

　백작의 자연스러운 태도에는 여유가 느껴졌다. 그는 손님이 온 것을 퍽 반기는 것 같았다. 난로에 장작을 더 넣도록 하고, 포도주와 비스킷을 가져오게 했다. 백작은 입을 열어 말했다.

　"물론 저희와 같이 식사를 하고 가시겠지요?"

　그러나 잠시도 폴을 잊지 못하는 잔은 사양했다. 하지만, 백작은 막무가내였다. 쥘리앵은 잔이 식사 초대를 받아들이지 않자 초조한 표정을 보였다. 잔은 남편이 또 사나워질까 봐 하는 수 없이 승낙했다.

즐거운 오후였다. 모두 샘터로 갔다. 샘물이 깨끗한 바닥의 바위 틈에서 솟아오르고 있었다. 그리고는 배를 타고 시든 갈대숲 속으로 물길을 따라 한 바퀴 돌았다. 백작은 콧등을 공중으로 쳐들고 냄새를 맡고 있는 두 마리의 개 사이에 앉아 노를 젓고 있었다. 잔은 이따금 찬물에 손을 담그고 손끝에서 심장까지 전해오는 얼음 같은 차가움을 즐겼다. 배의 뒤편에는 쥘리앵과 백작 부인이 서로 마주 보며 미소를 짓고 있었다. 그것은 행복에 겨워 더 이상 바랄 것이 없는 사람들의 웃음이었다.

북풍이 마른 갈대숲을 스치고 저녁이 찾아왔다. 태양은 전나무 뒤로 떨어졌다. 붉게 물든 구름 조각들이 하늘에 가득 차 있었다.

모두들 불이 활활 타오르는 넓은 거실로 다시 들어갔다. 기분이 유쾌해진 백작은 씨름꾼 같은 두 팔로 아내를 어린애처럼 번쩍 안아 올리더니 그녀의 두 볼에다 힘찬 키스를 했다. 잔은 웃으면서 이 마음씨 고운 거인을 바라보고 있었다. 그리고 속으로 생각했다.

'사람이란 늘 다른 사람의 겉모습만을 보고 오해하고 있구나.'

그녀는 무의식적으로 쥘리앵에게로 눈을 돌리는 순간, 깜짝 놀랐다. 쥘리앵은 무서울 정도로 파랗게 질려서 백작을 쏘아보고 있었다. 그녀는 염려스러워서 쥘리앵 곁으로 다가가 작은 소리로 물었다.

"몸이 안 좋아요? 웬일이에요?"

쥘리앵은 약이 오른 목소리로 말했다.

"아무것도 아니니까 내버려 둬. 추워서 그래."

모두들 식당으로 자리를 옮길 때, 백작은 개를 데리고 들어가겠다며 양해를 구했다. 개들은 주인의 양쪽에 앉았다. 백작은 쉴새없이 그들에게 먹을 것을 주기도 하면서 비단결 같은 긴 귀를 쓰다듬었다. 그러면 개들은 꼬리를 흔들기도 하면서 만족해했다.

식사 후 잔과 쥘리앵이 작별인사를 하려고 하자, 백작 부부는 횃불

밑에서 고기 잡는 것을 보고 가라며 붙들었다. 백작은 두 사람을 부인과 함께 못으로 통하는 돌층계 위에 세워 놓고, 자기는 그물과 횃불을 든 하인을 한 사람 데리고 배에 올랐다.

밤하늘은 여전히 맑고, 차가운 공기는 살을 에는 듯 싸늘했다. 횃불은 물 위에서 춤을 추듯 흔들리며, 전나무 숲을 환하게 비추었다.

갑자기 배가 홱 돌더니 엄청나게 커다란 사람의 그림자가 솟아올랐다. 그 그림자는 두 팔을 갑자기 허공으로 뻗어 올렸다가 다시 밑으로 뚝 떨어뜨렸다. 그러자 곧 수면을 채찍질하는 듯한 물소리가 들려왔다. 배는 서서히 방향을 바꾸었다. 사람의 그림자는 수평선 쪽으로 잠깐 사라졌다가 이번에는 더욱 뚜렷하게 저택 현관 앞에 나타났다.

"질베르트, 여덟 마리 잡았소!"

굵은 백작의 목소리였다. 푸르빌 백작은 횃불을 들고 있는 하인을 데리고 돌층계로 올라왔다. 그물 속에서 여덟 마리의 큰 고기가 펄떡펄떡 뛰고 있었다. 잔과 쥘리앵은 백작 댁에서 빌려 준 망토로 몸을 감싼 채, 집으로 향해 마차를 몰았다. 잔은 무심코 이렇게 말했다.

"참 좋은 분이야! 그 거인 백작은."

그러자 쥘리앵이 대답했다.

"그렇지만 사람들 앞에서 너무 예의를 차리지 못하는 게 탈이야."

일주일이 지난 뒤, 그들은 이 지방에서 제일가는 귀족으로 인정받고 있는 쿠틀리에 댁을 방문했다. 루이 14세 때 세워진 새 저택은 아름다운 정원 속에 있었다. 제복을 입은 하인들이 크고 장엄한 방으로 손님들을 안내했다.

얼마 후 후작과 후작 부인이 들어왔다. 부인은 쥘리앵 부부에게 주인으로서의 친절을 베풀고 있었지만, 어딘지 어색하기만 했다. 후작은 흰 머리를 깔끔하게 빗어올린 비대한 남자였다. 그의 몸가짐이나 목소리나 그밖의 모든 태도에는 신분을 나타내려는 듯 거드름을 피우는 티가 역력했다.

돌아오는 길에 쥘리앵은 이렇게 말했다.

"어때? 이 정도로 방문은 그만두기로 합시다. 내 생각으로는 푸르빌 댁을 방문하는 것만으로도 충분할 것 같은데."

잔도 같은 생각이었다.

1년의 마지막 달인 12월이 천천히 흘러갔다. 여느 해와 다름없이 집 안에 틀어박힌 생활이 다시 시작되었다. 그러나 잔은 폴에게 몰두해서 지루한 줄 모르고 지냈다. 쥘리앵은 불만스럽고 마땅찮은 눈초리로 폴을 곁눈질했다. 때때로 잔은 어린애를 남편에게 내밀면서 말했다.

"뽀뽀 좀 해 주세요, 쥘리앵! 당신은 아기가 귀엽지도 않아요?"

그러면 쥘리앵은 엉덩이를 뒤로 빼고 마지못해 갓난애의 반질반질한 입술을 스치기만 했다. 그리고 홱 밖으로 나가 버리는 것이었다.

촌장과 의사와 신부가 가끔씩 와서 식사를 같이 했다. 그리고 이따금 푸르빌 부처도 와서 식사를 했다. 잔과 쥘리앵은 그들 부부와 점점 더 친밀해졌다.

백작은 폴이 귀여워 견딜 수 없는 것 같았다. 방문왔을 땐 언제나 폴을 무릎 위에 앉히고 지냈다. 커다란 거인의 손으로 교묘하게 어린애를 잘 어르며, 긴 턱수염 끝으로 어린애의 콧등을 간질이기도 했다. 그리고는 귀여워 못 견디겠다는 듯이 아기의 볼에 키스를 하는 것이었다.

그 해 3월은 화창하고 따뜻했다. 질베르트 백작 부인은 넷이서 아무 데로나 말을 타러 가자고 제의했다. 단조로운 생활에 싫증이 났던 잔도 이 제의에 찬성했다.

네 사람은 언제나 둘씩 짝을 지어 말을 달렸다. 백작 부인과 쥘리앵이 앞장서고 백작과 잔이 그 뒤를 따라갔다. 잔과 백작은 친한 친구처럼 조용히 이야기하면서 말을 몰았다. 앞장선 두 사람은 때때로 낮은 목소리로 이야기하다가 가끔씩 웃기도 하고, 갑자기 서로를 바라보기도 했다. 그러다가는 갑자기 말에 채찍을 가하며 급히 달려가기도 했다.

그럴 때의 질베르트 부인은 무엇엔가 흥분한 듯했다. 찢어지는 듯한 날카로운 목소리가 바람에 실려 이따금 뒤떨어져 있는 두 사람의 귀에까지 들려왔다.

백작은 웃으면서 잔에게 말했다.

"내 아내는 언제나 기분이 좋지 않답니다."

어느 날 저녁, 먼 곳까지 말을 몰고 나갔다가 집으로 돌아오고 있을 때였다. 갑자기 백작 부인이 박차를 가하면서 말을 몰다가는 고삐를 당기곤 하며 말을 화나게 하고 있었다.

"조심하세요. 장난하면 안 돼요! 말이 흥분해 도망칠 겁니다."

쥘리앵이 몇 번이나 주의를 주는 소리가 들렸다.

"미안하지만, 당신이 참견할 일이 아니에요."

부인의 큰 목소리가 온 들판에 울려 퍼지는 것 같았다.

말은 앞발을 든 채 뒷발로 서서 땅을 차고, 입에는 거품을 물고 있었다. 불현듯 불안해진 백작이 굵은 목소리로 외쳤다.

"조심해요! 질베르트!"

그러자 부인은 도전이나 하려는 듯 말의 두 귀 사이를 후려쳤다. 말은 세찬 기세로 일어났다. 그리고는 앞다리로 허공을 한 번 걷어차고 내려와서는 무서운 힘으로 한 번 뛰어오르더니 전속력으로 들판을 달리기 시작했다. 어찌나 빨리 달리는지 말과 사람을 구별하기 어려울 정도였다.

쥘리앵은 얼이 빠진 듯 그 자리에 서서 소리쳤다.

"부인! 부인!"

백작은 짐승의 비명 같은 소리를 지르더니 말의 목 위로 몸을 굽히고는 전속력으로 말을 몰기 시작했다. 두 마리의 말은 빠른 속도로 돌진해 갔다. 잔은 백작 부부가 지평선 너머로 사라질 때까지 바라보고 있었다. 그러자 쥘리앵이 화가 난 표정으로 다가오며 중얼거렸다.

"아무래도 저 여자는 오늘 정신이 어떻게 된 것 같아."

두 사람은 들판으로 사라져 버린 친구를 뒤쫓아서 말을 달렸다. 약 15분쯤 지나자 백작 부부가 돌아오는 것이 보였다. 백작은 얼굴이 벌겋게 땀에 젖은 채 의기양양하게 웃으며 아내의 말고삐를 잡고 있었다. 백작 부인은 새파랗게 질린 얼굴로 괴로워 보였다. 잔은 이 날의 일로 백작이 그의 아내를 얼마나 사랑하는지를 알게 되었다.

그 날 이후 백작 부인은 눈에 띌 만큼 명랑했다. 레푀플에는 전보다 더욱 자주 와서 즐겁게 웃었고, 애정에 넘치는 듯 잔을 포옹하곤 했다. 백작도 행복스러운 듯이 잠시도 아내에게서 눈을 떼지 않았다.

어느 날 저녁 백작이 말했다.

"우리는 지금 행복 속에 잠겨 있습니다. 여태까지 질베르트가 이렇게 상냥한 적이 없었어요. 기분이 나빠진다거나 화를 내는 일이 없어졌습니다. 아내가 나를 사랑하고 있다는 것을 느껴요. 지금까지 거기에 대해서 확신이 없었거든요."

그와 함께 쥘리앵도 변한 듯했다. 이전보다 훨씬 쾌활해지고 짜증을 낸다거나 하는 일도 없어졌다. 마치 두 집안의 교제가 각 집안에 평화와 기쁨을 가져다 준 것만 같았다.

어느덧 봄이 찾아와서, 하루하루 따뜻해져 갔다. 태양은 그 따뜻한 빛으로 지상의 싹을 움트게 했다. 잔은 이 생명의 움틈에 막연히 마음이 산란해짐을 느꼈다. 풀숲의 조그마한 꽃을 보고도 마음이 설레어, 부드러운 몽상으로 시간을 보내곤 했다.

잔은 첫사랑의 그리운 추억이 가슴에 스며드는 것을 느꼈다. 그렇다고 쥘리앵에 대한 애정이 다시 싹터오는 것은 아니었다. 그 사랑은 이미 오래전에 영원히 끝나 버린 것이다. 그저 추억에 젖어 있노라면, 그 어떤 부드러운 부름에 끌린 듯 마음이 부푸는 것이었다.

어느 날 아침, 이렇게 망연히 있을 때, 하나의 환상이 그녀의 머릿속을 스치고 지나갔다. 에트르타 근처의 작은 숲 속, 나뭇가지로 어두워진 한복판에 햇빛의 구멍과도 같은 그 자리가 불현듯 떠올랐다. 자기를 사랑하던 이 젊은 남자가 조심스럽게 마음속의 말을 처음으로 중얼거리던 곳도, 잔이 희망으로 가득 찬 미래를 느낀 곳 또한 그 곳이었다.

잔은 다시 한 번 그 숲이 보고 싶었다. 그 곳에 다시 가 보면 자기의 생활이 조금은 바뀔 것도 같았다. 쥘리앵은 새벽부터 어디론지 나가고 없었다. 그녀는 마르탱 집에서 가져온 흰 말에 안장을 얹었다. 이 말은 요즘 들어 그녀가 즐겨 타는 말이었다.

밖으로 나가자 날씨가 무척 좋았다. 바람 한 점 없이 잔잔해서 풀잎 하나 나뭇잎 하나 움직이지 않았다. 마치 바람이 죽어 버린 것만 같았다. 벌레까지도 어디론가 사라져 버린 듯했다. 타오르는 듯한 태양 빛은 황금의 안개처럼 보였다.

잔은 작은 흰 말의 걸음걸이에 실려 흔들리며 행복에 잠겨 있었다. 이따금 눈을 들어 하늘에 떠 있는 흰구름을 쳐다보았다. 그녀는 '에트르타 문' 이라고 불리는 골짜기를 내려가 유유히 말의 흔들림에 몸을 맡긴 채 숲 속으로 들어갔다.

그러나 잔은 그 장소를 금방 찾아 내지 못하고 숲 속을 여기저기 헤매었다. 막 오솔길을 건너려는 순간 잔은 막다른 곳의 나무에 매여 있는 두 마리의 말을 발견했다. 그것은 질베르트와 쥘리앵의 말이었다.

잔은 뜻하지 않은 만남이 반가워 그 쪽으로 말을 달렸다. 말 가까이

다가가서 불러 보았다. 아무런 대답도 없었다. 질베르트의 장갑 한 짝과 두 개의 채찍이 풀 위에 떨어져 있었다. 그 곳에 앉아 있다가 말을 내버려 둔 채 더 멀리 간 모양이었다.

잔은 십오 분쯤 기다렸다. 말에서 내려 가만히 나무등걸에 기대앉아 있으려니까 새 두 마리가 바로 옆의 풀밭에 내려앉았다. 두 마리의 새를 물끄러미 보고 있던 잔은 혼잣말로 중얼거렸다.

"그렇지, 이젠 봄이구나."

그 때 문득 하나의 의혹이 잔의 머리를 스쳤다. 그녀는 다시 한 번 채찍과 매어진 말을 바라보았다. 이 곳에서 도망치고 싶은 충동이 일어 말 위에 올라타 레푀플을 향해서 급히 달렸다.

'어째서 질베르트와 쥘리앵의 일을 눈치채지 못했을까? 쥘리앵이 자주 집을 비운 일이며, 다시 모양을 내기 시작하고, 기분이 좋아졌는데도 왜 그것을 알지 못했던가?'

잔은 질베르트의 갑작스러운 신경질이나 지나치게 아양을 떨던 것을 생각해 냈다. 그리고 행복해진 백작에 대해서도 곰곰이 생각해 보았다.

잔은 말고삐를 늦추었다. 천천히 생각해 봐야 할 중요한 일인데, 말의 빠른 걸음이 그녀의 마음을 어지럽혔기 때문이다. 처음의 흥분이 사라지자 잔의 마음은 다시 평온해졌다. 질투나 분노감도 들지 않았다. 그 대신 심한 경멸감이 솟아올랐다. 쥘리앵에 대해서는 거의 생각하지도 않았다. 그의 행동이 어떻든 놀라지 않았다.

그러나 친구라고 느꼈던 질베르트의 배신이 잔의 마음을 아프게 했다. 세상 사람들은 누구나 믿지 못할 거짓말쟁이이며, 사기꾼이란 말인가! 눈에 눈물이 괴었다. 앞으로는 폴과 양친만을 사랑하고 다른 사람들에 대해서는 담담한 얼굴로 대할 것을 결심했다.

집으로 돌아온 잔은 즉시 아들에게로 달려가서 쉬지 않고 키스했다.

쥘리앵은 상냥하게 웃으며 저녁식사를 하러 들어왔다.

"장인 장모님이 올해는 안 오시나?"

하고 물었다.

잔은 갑자기 부모님이 너무 보고 싶었다. 하룻밤을 새워가며 부모님에게 빨리 오라는 편지를 썼다. 5월 20일에 오겠다는 답장이 왔다. 잔은 손꼽아 양친을 기다렸다. 딸로서의 부모에 대한 그리움뿐만이 아니라, 성실한 마음을 가지고 있는 깨끗한 사람들과 이야기하고 싶었다.

잔이 지금 느끼고 있는 것은 썩어빠진 양심들 사이에 올바른 양심을 가지고 홀로 외로이 살아가는 쓸쓸함이었다. 그리고 이 지방의 여러 가지 하찮은 소문들이 귀에 들리는 것도 괴로웠다. 쿠이야르 집 딸이 아이를 배서 곧 결혼을 하게 될 것이라거나, 마르탱 집 하녀는 고아였는데 그녀도 아이를 배었다는 등의 소문이 끊이지 않고 들려왔다. 이런 말을 들을 때마다 잔은 인간에 대한 모멸감이 점점 더해지는 것을 느꼈다. 질베르트에게 화가 나는 것도 남편을 빼앗았기 때문이 아니라, 질베르트 역시 그런 추한 구렁텅이 속에 빠져 있다는 사실 때문이었다.

그러나 쥘리앵은 마치 재미있는 이야기처럼 주변에서 일어나는 추한 이야기를 함으로써 잔의 감정에 불을 질렀다.

온화한 남작의 얼굴이 창문에 비치자, 잔의 마음속에는 아직까지 느껴 보지 못한 깊은 애정이 용솟음쳤다. 그러나 어머니의 모습을 본 그녀는 까무러치게 놀랐다.

아델라이드 부인은 지난 겨울 여섯 달 동안에 10년이나 더 늙은 것 같았다. 크고 축 늘어진 부인의 얼굴은 붉게 부풀어올라 있었고, 눈빛은 희미했다. 게다가 겨드랑이 밑으로 양팔을 부축해 주지 않으면 걷지를 못했다. 가쁘게 내쉬는 숨소리는 곁에 있는 사람들까지도 괴로워질 지경이었다. 남작은 매일 보아왔기 때문에 부인이 이렇게 놀라울 정도로 쇠약해진 것을 알지 못했다. 부인이 숨이 차다든지 몸이 무거워진다고 호소하면, 남작은 언제나 이렇게 대답해 왔던 것이다.

"여보, 그럴 리가 없어요. 당신은 언제나 이렇잖소!"

부모님을 방으로 모셔다 드리고 나서 잔은 자기 방으로 들어가 한참 동안 울었다. 그리고 아직도 눈물이 가득 괸 채 다시 아버지에게로 가서 품에 안겼다.

"어쩌면 어머니께서 저렇게 변하셨어요? 어떻게 된 거예요, 예? 말씀 좀 해 주세요. 왜 그렇게 되셨어요?"

남작은 놀라서 대답했다.

"별소리를 다 하는구나! 나는 한시도 네 어머니 곁을 떠난 적이 없어서 잘 알지. 아무렇지도 않아. 평소와 별로 다름이 없단다."

저녁때 쥘리앵이 잔에게 말했다.

"어머니께서는 아무래도 앞으로 오래 못 사실 것 같더군."

이 말을 듣자 잔은 울음을 터뜨렸다. 쥘리앵은 눈살을 찌푸리며 핀잔을 주었다.

"이봐, 누가 당신 어머니가 돌아가시게 됐다고 그랬나? 당신은 항상 모든 일을 과장해서 생각한단 말이야. 나이를 드시니까 좀 변하셨다는 건데 뭘 그래?"

일주일이 지나자 잔도 어머니의 변한 모습에 익숙해졌다. 그리고 마음의 평화를 바라는 심정에서 기분 나쁜 생각은 하지 않기로 했다.

아델라이드 부인은 매일 30분 정도밖에는 산책을 할 수가 없었다. 산책길을 한 번만 돌고 나면 더 이상 몸을 움직이지 못하고 의자에 앉혀 달라고 부탁하는 것이었다. 때로는 산책을 멈추며 말했다.

"그만 쉽시다. 내 비대증이 오늘은 다리를 움직일 수 없게 하는군요."

부인은 이제 예전처럼 웃지 않았다. 지난 해라면 온몸을 흔들며 웃을 일에 그저 가벼운 미소를 지을 뿐이었다.

그러나 시력만은 여전히 좋아서 《코린》이나, 라마르틴의 《명상록》을 다시 읽으면서 시간을 보냈다. 때로는 기념품이 들어 있는 서랍도 가져오도록 했다. 그리고 하나씩 천천히 읽고 나서는 다시 서랍에 넣는 것이었다. 홀로 있을 때는 마치 사랑했던 사람이 죽었을 때 머리카락에 살며시 키스하듯, 그 편지 중 몇 장에다 키스를 하면서…….

이따금 잔은 갑자기 방 안에 들어갔을 때 눈물짓고 있는 어머니를 발견하기도 했다.

"왜 그러세요, 어머니?"

아델라이드 부인은 길게 한숨을 쉬고 나서 대답했다.

"나의 옛 편지들이 나를 울리는구나. 지나가 버린 아름다웠던 옛 추억, 문득 떠오르는 사람……. 그럴 때면 마치 그 사람이 눈에 보이는 듯하고, 그의 목소리가 들리는 듯하지."

이 순간에 남작이 갑자기 들어오면, 그는 속삭이듯 잔에게 중얼거리는 것이었다.

"잔, 네게만은 부탁하마. 네가 가지고 있는 편지를 모두 불살라 버려라. 네 어머니가 너에게 보낸 편지든, 내가 보낸 편지든. 늙었을 때 젊었던 시절에다 코를 박고 있는 것처럼 끔찍스러운 일도 없단다."

그러나 잔은 자기가 받은 편지를 간직했다. 그리고 어머니처럼 자신의 사물함도 준비해 두고 있었다. 어머니와 전혀 닮지 않았지만, 이것만은 일종의 유전과도 같았다.

며칠이 지나자 남작은 볼일이 있어 레푀플을 떠났다. 좋은 계절이었다. 평온한 저녁 뒤에는 별이 총총한 부드러운 밤이 오고, 이어서 눈부신 아침이 왔다. 아델라이드 부인의 건강 상태는 곧 좋아졌다.

잔도 쥘리앵의 사랑이나 질베르트의 배신 같은 것은 잊어버리고 자신만의 행복한 생활을 보내고 있었다. 들판에는 꽃이 만발해 향기를 풍기고, 잔잔한 바다는 아침부터 저녁까지 햇빛에 반짝이고 있었다.

어느 날 오후 잔은 폴을 안은 채 들로 나갔다. 그녀는 길가의 수풀 사이에 피어난 꽃과 어린 폴을 번갈아 보면서 끝없는 행복감에 잠겨 있었다. 이따금 어린애에게 입을 맞추기도 하고, 격정적으로 가슴에 꼭 껴안기도 했다. 그리고 폴의 미래를 상상해 보았다.

'장차 이 아이는 무엇이 될까?'

어느 때는 유명하고 세력 있는 위대한 인물이 되기를 바라기도 했고, 때로는 그저 평범한 사람으로 자라서 자기 곁을 떠나지 않는 다정스런 아들이 낫다고도 생각했다.

잔은 개울가에 앉아서 아이의 얼굴을 자세히 들여다보았다. 그러자 이 작은 아이가 자라서 어른이 되고, 꼿꼿하게 걸음을 걷고, 뺨에는 수염이 나고, 굵은 목소리로 이야기할 것을 생각하니 새삼스럽게 놀라웠다. 갑자기 멀리서 누군가가 그녀를 부르고 있었다.

잔은 머리를 들었다. 마리우스가 달려오고 있었다. 손님이 와서 기다리고 있나 보다고 생각하며 일어섰다. 그러자 헐레벌떡 뛰어온 마리우스는 그녀의 곁에 이르자 이렇게 소리치는 것이었다.

"아씨, 마님께서 위독하십니다."

잔은 등줄기에 차가운 물을 끼얹은 듯한 느낌이었다. 잔은 집을 향해 정신없이 달렸다. 플라타너스 밑에 모여 있는 사람들이 멀리서 보였다. 사람들이 길을 비켜 주자, 두 개의 베개로 받쳐진 채 땅바닥에 뉘어져 있는 어머니의 모습이 보였다. 얼굴은 새파래지고, 두 눈은 감겨져 있었다. 20년 전부터 세차게 들먹거리던 가슴도 움직이지 않았다. 유모가 잔에게서 폴을 받아 데리고 갔다. 잔은 하얗게 질린 얼굴로 물었다.

"어떻게 되신 거야? 어떻게 쓰러지셨어? 빨리 의사를 불러와요!"

잔이 고개를 돌려보니 어떻게 알고 왔는지 신부가 서 있었다. 그는 급하게 여러 가지 방법을 써 보았다. 그러나 아무 소용이 없었다.

"옷을 벗기고 침대에 눕혀야겠어요."

하고 신부가 말했다.

소작인 쿠이야르, 시몽 영감, 찬모 뤼디빈이 모두 같이 있었다. 피코 신부의 도움을 받아 남작 부인을 집 안으로 옮기려고 했다. 그러나 여러 사람이 부인을 들어올리자 머리가 뒤로 축 늘어졌다. 부인은 너무 무거워 들어올리기가 힘들었다. 잔은 무서워 울기 시작했다.

그들은 부인의 몸이 너무 무거워 다시 땅에 내려놓았다. 그리고는 거실의 안락의자를 가져와 부인을 앉힌 다음에야 간신히 들어올릴 수가 있었다. 한발 한발 돌층계를 올라가 이층에 있는 부인의 방 안 침대에다 뉘었다.

찬모가 부인의 옷을 미처 다 벗기기도 전에 당튀 부인이 나타났다. 당튀 부인과 신부는 우연히 찾아온 것이다. 사람들은 두 사람이 죽음의 냄새를 맡고 나타난 것이라고 수군거렸다. 쿠이야르는 의사를 부르기 위해 말을 타고 전속력으로 달려갔다. 신부가 성유를 가지러 가려고 하자 당튀 부인이 신부의 귀에다 속삭였다.

"그러실 필요 없어요. 제가 보기에 부인께서는 이미 돌아가신 걸요."

잔은 넋이 나간 채 애걸하고 있었다. 어떻게 해야 좋을지, 무슨 일부터 해야 하는지, 어떤 약을 써야 하느냐고 소리쳤다.

사람들은 두 시간 동안이나 생명이 없는 몸뚱이 곁에서 기다리고 있었다. 무릎을 꿇고 앉은 채로 잔은 불안과 고통에 가슴이 찢어지는 듯 흐느껴 울었다.

문이 열리고 의사가 들어왔다. 잔에겐 구원과 위안과 희망이 들어오는 듯싶었다. 곧바로 의사에게로 달려가서 더듬더듬 이야기했다.

"평상시와 마찬가지로 산책을 하고 계셨습니다……. 건강은 좋으셨어요……. 매우 좋으셨죠……. 점심에는 수프와 계란 두 개를 잡수셨습니다……. 별안간 쓰러지셨어요……. 보시다시피 이렇게 얼굴이 시꺼매지셨는데……. 그리고는 움직이지 않으셨어요. 정신을 차리게 하려고 온갖 방법을 다 써 봤어요……. 온갖……."

그 때 당튀 부인이 의사에게 모두 끝났다는 듯한 몸짓을 하는 것을 보고, 잔은 가슴이 덜컥해서 입을 다물었다. 그리고는 믿을 수 없다는 듯이 불안한 목소리로 몇 번이고 물었다.

"위급하신가요? 위독하다고 생각하세요?"

의사는 마침내 이렇게 말했다.

"아무래도……. 돌아가신 것 같습니다. 용기를 내세요."

잔은 팔을 벌려 어머니에게 몸을 던졌다.

쥘리앵이 들어와 있었다. 그는 고통이나 절망의 빛이 없이 당황한 채 넋을 잃고 서 있었다. 너무나 갑작스러운 일이라 미처 그 자리에 어울리는 표정을 지을 수 없었던 것이다. 쥘리앵은 혼잣말처럼 중얼거렸다.

"이럴 줄 알았어, 돌아가실 것 같더라니……."

그는 손수건을 꺼내 눈을 닦았다. 그리고 무릎을 꿇고 성호를 그었다. 일어나면서 자기의 아내도 일으켜 세우려고 했다. 그러나 잔은 어머니의 시체를 끌어안은 채 시체에 입을 맞추고 있었다. 사람들은 잔을 강제로 다른 방으로 옮겼다.

한 시간 후에야 잔은 다시 그 방으로 돌아갈 수 있었다. 쥘리앵과 신부는 창가에 서서 무엇인가 낮은 소리로 소곤거리고 있었다. 당튀 부인은 편안한 자세로 안락의자에 앉아 벌써 잠들어 있었다.

밤이 됐다. 신부는 잔에게로 다가서서 그녀의 두 손을 잡고 부드러운 위로의 말을 하며 기운을 북돋워 주려고 했다. 신부는 고인을 위해 기도를 하며 밤샘을 하겠다고 말했다. 그래도 잔은 영원한 이별의 밤을 혼자서 보내고 싶다고 거절했다. 잔에게 쥘리앵이 다가와서 말했다.

"그래도 어디 그럴 수가 있겠소? 둘이서 함께 새웁시다."

잔은 고개를 가로저으며 말했다.

"우리 어머니예요, 우리 어머니. 나 혼자서 어머니를 지키고 싶어요."

의사가 작은 목소리로 동의했다.

"하고 싶다는 대로 맡겨 두는 게 좋을 것 같습니다. 당튀 부인을 옆방에 있게 하면 될 테니까요."

신부와 쥘리앵도 이 말에 따랐다.

쥘리앵은 평소와 다름없는 목소리로 말했다.

"여보, 뭘 좀 먹지 않겠소?"

잔은 자기를 향해서 이야기한 것을 알아듣지 못해 대답하지 않았다. 쥘리앵은 다시 한 번 더 물어 보았다.

"뭘 좀 먹어야 기운을 차리지 않겠어?"

잔은 그저 멍한 목소리로 대답했다.

"아버님을 모셔올 사람을 보내 줘요."

쥘리앵은 루앙으로 사람을 보내기 위해 밖으로 나갔다. 잔은 슬픔이 밀물처럼 밀려와 고통 속에 꼼짝도 하지 않았다. 방에는 차츰 어둠의 장막이 고인을 덮고 있었다.

당튀 부인이 간호사처럼 조용한 동작으로 주위를 정돈하기 시작했다. 그리고 두 자루의 초에 불을 붙여 침대 머리맡에 있는 테이블 위에 가만히 놓았다. 잔에게는 아무것도 보이지 않는 것 같았다. 잔은 그저 홀로 남게 되기만을 기다리고 있었던 것이다.

쥘리앵이 식사를 하고 나서 다시 들어와 물었다.

"뭐 좀 먹고 싶지 않소?"

잔은 머리를 가로저었다. 쥘리앵은 체념한 듯한 표정으로 말없이 앉아 있었다. 잔과 쥘리앵, 그리고 당튀 부인은 각자 자기 의자에 앉은 채입을 다물고 있었다. 때때로 당튀 부인은 코를 골다가 정신을 차려 눈을 뜨곤 했다. 마침내 쥘리앵은 일어나서 잔에게 물었다.

"그래, 정말 당신 혼자 있겠소?"

잔은 쥘리앵의 손을 잡고 슬픈 감정을 억누르며 가까스로 말했다.

"네, 그래요. 그냥 이대로 있을 수 있게 해 주세요."

쥘리앵은 잔의 이마에 키스를 하며 중얼거렸다.

"가끔씩 내가 와 볼게."

그리고는 당튀 부인과 같이 방을 나갔다.

잔은 방문을 닫고 두 개의 창문을 활짝 열어젖혔다. 따뜻한 미풍이 불어왔다. 어제 깎아 놓은 잔디의 건초더미가 달빛 아래 반짝이고 있었다. 잔은 다시 침대 곁으로 가서 어머니의 손을 잡고 얼굴을 자세히 들여다보기 시작했다. 부인은 그 어느 때보다 더욱 평화롭게 잠들어 있었다. 산들바람에 흔들리는 촛불의 불꽃이 쉴 새 없이 얼굴에 그림자를 던지고 있었다. 그림자는 부인을 살아 있는 듯이 보이게 했다. 어머니의 얼굴을 뚫어지게 바라보자 소녀 시절부터의 온갖 추억이 떠올랐다.

수녀원 응접실로 찾아와서 과자가 잔뜩 든 봉지를 내주던 모습이 생각났다. 잔에게 해 주던 애정의 표시, 여러 가지 이야기들, 목소리, 늘하던 몸짓, 웃을 때 눈가에 잡히던 주름, 앉았을 때의 숨찬 한숨 소리……. 잔은 어머니를 바라보며 되풀이하여 말했다.

"어머님은 돌아가셨다."

그러자 갑자기 죽었다는 사실에 공포감이 밀려왔다. 여기에 누워 있는 이 사람이, 어머니가, 아델라이드 부인이 돌아가셨다고! 이제는 움직이지도, 이야기하지도, 웃지도 않는다.

'잘 잤니? 자네트!'
하고 아침인사를 하는 일도 없을 것이다.

어머니는 돌아가신 것이다! 얼마 안 있어 관 속에 넣어 못을 박고 땅에 묻으면 그것으로 끝나는 것이다. 두 번 다시 볼 수 없을 것이다. 그럴 수가 있을까? 이제 어머니라는 존재는 없어지는 것일까?

내가 이 세상에 태어나 처음 눈을 뜨면서부터 보아왔고 팔을 벌리면서부터 사랑한 이 정답고 그리운 얼굴. 그녀의 마음속에서는 다른 어떤 존재보다도 더 소중했던 어머니는 영원히 사라져 버린 것이다. 이제는 어머니의 얼굴을 보는 것도 몇 시간 남지 않았다.

뒤에는 추억만이 남을 것이다. 잔은 절망적인 몸짓으로 바닥에 털썩 무릎을 꿇었다. 그리고는 경련이 이는 손으로 홑이불을 움켜잡고 가슴이 찢어지는 듯한 목소리를 짓누르며 외쳤다.

"아아! 어머니! 우리 불쌍한 어머니! 어머니!"

이러다가는 언젠가 눈 오던 밤에 도망치던 날 밤처럼 미칠 것 같았다. 잔은 마음을 진정하려고 다시 일어나 창가로 가서 공기를 들이마셨다. 잘 손질된 잔디밭, 나무들, 들판, 아득한 바다 등이 부드러운 달빛 아래 잠들어 평화로이 쉬고 있었다.

어느 정도 마음이 가라앉자 소리없이 울었다. 그리고는 다시 침대 곁으로 가서 마치 환자를 간호하듯 어머니의 손을 잡고 앉았다.

큰 날벌레 한 마리가 촛불에 이끌려 방으로 날아 들어왔다. 벌레는 붕붕 날개 소리를 내면서 총알처럼 벽에 부딪치며, 방의 이 끝에서 저 끝까지 날아다녔다. 그러나 얼마 지나지 않아 그 소리도 들리지 않게 되었다.

잠시 후 똑딱똑딱 하는 시계 소리가 들려오고 조그마한, 거의 들릴까 말까한 또 다른 작은 소리가 들려왔다. 그 소리는 의자 위에 내팽개친 어머니의 옷 속에서 들리는 아델라이드 부인의 회중시계 소리였다.

잔은 문득, 돌아가신 어머니와 아직 멈추지 않은 이 시계를 비교해 보니, 가슴속에 짜릿한 슬픈 감정이 일었다.

잔은 시계를 보았다. 이제 겨우 10시 30분이었다. 갑자기 잔은 이 침대머리에서 긴 밤을 보내야 하는 것에 대해 무서운 공포를 느꼈다.

로잘리, 질베르트. 또 다른 추억들이 떠올랐다. 그것은 자신의 생에 대한 추억이었다.

영혼! 잔은 헤아릴 수 없는 이 신비에 대해서 공상하기 시작했다.

'도대체 어머니의 영혼은 지금 어디에 있는 것일까? 이 움직이지 않는 차디찬 시체의 영혼은 어디에 있는 것일까? 아주 먼 곳에 가 있는 것이다. 우주 공간의 한 모퉁이에 있는 것일까? 그렇다면 그 곳이 어딜까? 새장에서 도망친 보이지 않는 새처럼 날아가 버린 것일까? 하느님께로 불려갔을까? 그렇지 않으면 그 어떤 새로운 생명의 탄생 속에 흩어져서 깨어나려는 싹 속에 섞여 버렸을까? 아니면 아주 가까이에 있을지도 모를 일이 아닌가?'

잔은 소름이 끼치게 무서웠다. 시체를 돌아 볼 용기조차 나지 않았다.

갑자기 보이지 않던 날벌레가 또다시 빙빙 돌면서 벽에 부딪치기 시작했다. 잔이 돌아보는 순간 그녀의 시선은 스핑크스의 머리가 달린 책상 위에 멎었다. 어머니의 유물이 들어 있는 가구였다.

잔은 마지막 밤샘을 하면서, 어머니가 평소에 소중하게 여겼던 오래된 편지를 읽어 볼까 하는 생각이 들었다. 그 옛날 편지들은 잔이 한 번도 본 적이 없는 할아버지, 할머니의 해묵은 서신들이었다. 잔은 어머니를 통하여 모르는 두 분에게로 손을 뻗치고 싶었다. 옛날에 돌아가신 그들과 지금 이 세상을 떠난 어머니와 아직 이 세상에 남아 있는 자기와의 사이에 신비로운 애정의 고리를 만들고 싶었던 것이다.

그녀는 일어나 책상 서랍의 앞문을 열고 차곡차곡 끈으로 동여매 놓은 누렇게 바랜 편지다발을 꺼냈다. 그리고는 어머니의 팔 사이에 펼쳐 놓고 읽기 시작했다. 오래된 편지들은 지난 세월의 냄새를 풍겼다.

첫 번째 편지는 '나의 사랑하는 딸에게'라는 말로 시작되어 있었다. 또 다른 것은 '나의 귀여운 소녀에게'라고 시작되어 있었다. 다음에는 '귀여운 어린것'으로 되어 있고, '나의 예쁜이' '열애하는 내 딸' '귀여운 자식' '귀여운 아델라이드' '사랑하는 내 딸'로 되어 있었다. 소녀, 처녀, 나중에는 젊은 부인으로 달라짐에 따라 편지의 호칭도 달라졌던 것이다. 편지는 모두 열정적인 애정으로 가득 차 있었다. 가족들간의 자잘한 일들, 가정 내의 큰 사건 등이 적혀 있었다.

아버님이 유행성 감기에 걸리셨다. 하녀 오르탕스가 손가락을 데었다. 고양이 크로크라가 죽었다. 오른편에 있는 전나무를 잘랐다. 어머님께서 교회에서 돌아오시는 길에 성경책을 잃어버리셨는데, 어머님께서는 누가 훔쳐갔나 하고 생각하신단다.

이 같은 내용의 것이었다. 거기에는 잔이 어렸을 때에 이름만 어렴풋이 들은 것 같은 사람들에 대한 이야기도 적혀 있었다. 잔은 어머니의 비밀의 세계, 추억의 세계에 뛰어든 것 같은 기분이었다.

그녀는 누워 있는 어머니를 바라보더니 편지를 소리 내어 읽기 시작했다. 마치 어머니를 위로하려는 듯 소리를 높여 읽었다. 움직이지 않는 어머니도 행복한 듯 보였다.

한 통씩 읽는 대로 잔은 침대 밑으로 던졌다. 그리고는 이 편지들도 관 속에 넣어 드려야겠다고 생각했다. 또 하나의 다른 편지 뭉치를 풀었다. 새로운 필적의 편지였다. 그 편지는 이렇게 시작되어 있었다.

당신의 사랑 없이는 단 하루도 살아갈 수 없게 됐습니다. 나는 당
신을 미칠 듯이 사랑합니다.

그 이상은 아무것도 적혀 있지 않았다. 보낸 사람의 이름도 없었다.
잔은 영문을 몰라 다시 겉봉을 보았다.
받은 사람은 분명히 르 페르튀 데 보 남작 부인 앞으로 되어 있었다.
다음 편지를 펼쳤다.

오늘 밤 그 사람이 나가는 대로 곧 제게 와 주십시오. 한 시간 정
도 같이 보낼 수 있을 것입니다. 나는 그대를 사랑하고 있습니다.

또 다른 편지에는 이렇게 적혀 있었다.

헛되이 당신을 생각하면서 미칠 것만 같은 하룻밤을 보냈습니다.
지금 이 순간에 당신이 남편 곁에 잠들어 있을 것을 생각하면 창
밖으로 내 몸을 던지고 싶은 분노감에 사로잡히게 됩니다.

'도대체 어찌된 일일까? 이 편지들의 사랑의 속삭임은 누가 보낸, 누
구의 것일까?'
계속해서 읽어 나갔지만, 어느 편지에도 미칠 듯한 사랑의 고백과 밀
회의 약속뿐이었다. 사연 끝에는 언제나 '반드시 이 편지를 태워 버리
십시오.'라는 말이 덧붙여져 있었다. 마지막으로 잔은 평범하고 간략한
편지 한 장을 펼쳤다. 그것은 저녁 만찬 초대에 대한 승낙이었다. 앞의
다른 편지들과 같은 글씨체로 폴 덴느마르라고 서명되어 있었다. 그는
지금도 남작이 '가엾은 폴'이라고 다정하게 부르는 사람이었다. 그 폴

부인은 남작 부인의 가장 친한 친구였다.

갑자기 잔의 마음속에는 그 어떤 의혹과 확신이 스치며 지나갔다. 어머니는 폴 덴느마르라는 남자를 연인으로 삼고 있었던 것이다. 잔은 머리가 혼란스러워졌다. 그녀는 마치 무슨 독벌레를 떨쳐 버리듯 이 추악한 편지들을 팽개쳐 버렸다. 그리고 창가로 달려가서 커튼으로 얼굴을 가리고 격렬하게 울기 시작했다. 절망 속에서 흐느껴 울었다.

옆방에서 발소리가 나자 잔은 벌떡 일어났다.

'어쩌면 아버지인지도 몰라. 그러면 침대 위와 방바닥에 흩어진 편지는 어떻게 할까? 그 편지를 한 통만 펴 봐도 모든 것이 다 탄로나게 될 거야. 만약 아버지가 이 사실을 아시게 된다면?'

잔은 허겁지겁 조부모의 편지나, 연인의 편지, 아직 펴 보지 않은 누렇게 바랜 편지 모두를 난로 속에 집어넣었다. 그리고는 촛대를 하나 가져다가 편지더미에다 불을 붙였다. 큰 불길이 일어나 방과 침대와 시체를 비추었다. 이윽고 난로 속에는 한 줌의 재밖에 남지 않게 되었다.

다시 열려진 창가로 다가가 앉은 잔은 두 손으로 얼굴을 가린 채 애절한 울음소리를 냈다.

'아! 불쌍한 어머니! 아! 불쌍한 우리 어머니!'

그러자 무서운 생각이 들었다.

'만약 어머니가 돌아가신 것이 아니라면, 지금은 단지 혼수상태에 빠져 계실 뿐이라면? 별안간 일어나서 이야기를 하신다면? 이와 같이 무서운 비밀을 알고 난 후에도 어머니를 지금처럼 사랑할 수 있을까? 존경심을 담아 키스할 수 있을까? 다시 옛날처럼 존경하는 마음으로 사랑할 수 있을까? 아, 그럴 수는 없을 것같아!'

어둠은 점점 엷어져 갔다. 날이 새려는 순간의 날씨는 더욱 쌀쌀해졌다. 달은 바다를 진줏빛으로 물들이며 가라앉고 있었다. 레퓌플에 처음으로 도착했을 때 창가에서 보낸 밤의 추억이 떠올랐다.

'그 동안 얼마나 변해 버렸는가! 미래는 또 얼마나 그 때의 꿈에서부터 멀어질까!'

어느덧 하늘은 장밋빛으로 물들었다. 사랑스러운 장밋빛이었다. 잔은 찬란히 빛나는 먼동을 바라보고 있었다. 그리고 자신에게 물어 보았다.

'이렇게 아름다운 먼동이 터 오는 지상에 기쁨도 행복도 없다는 것이 정말일까?'

잔은 방문 여는 소리에 깜짝 놀랐다. 쥘리앵이 들어와 물었다.

"여보, 피곤하지 않아?"

잔은 곁에 누가 있다는 데 마음이 가라앉는 것을 느끼며 중얼거렸다.

"아뇨."

"자, 이제 그만 가서 쉬는 게 좋겠어."

쥘리앵이 말했다. 잔은 천천히 어머니에게 키스를 하고 나서 자기 방으로 돌아왔다. 슬픈 일들 속에서 한나절이 지났다. 남작은 저녁때가 다 되어 도착했다. 그는 몹시 서럽게 울었다. 장례식은 그 다음 날이었다. 잔은 마지막으로 어머니의 얼음같이 찬 이마에 입술을 대었다.

화장을 시키고, 시체를 관에 넣고, 그리고 관 뚜껑에 못질을 하는 것까지 지켜보고는 물러나왔다. 곧 장례식에 참석하는 손님들이 속속 도착했다. 질베르트는 가장 먼저 와서 잔에게 안겨 흐느껴 울기 시작했다.

마차가 몇 대씩 담을 돌아서 달려오는 것이 창밖으로 보였다. 현관쪽은 사람들로 떠들썩했다. 잔이 전연 보지도 못했던, 상복을 입은 여자들이 하나 둘씩 방 안으로 들어오기 시작했다.

쿠틀리에 후작 부인과 브리즈빌 자작 부인이 잔에게 키스했다. 잔은 자기 뒤에 소리없이 다가와 있는 리종 이모를 와락 껴안았다.

"귀족이란 귀족은 다 모였어. 대단한데."

쥘리앵이 들어와 은근한 목소리로 잔에게 속삭인 후, 부인들에게 정중히 인사를 하고 나갔다.

장례식이 거행되는 동안 잔의 곁에는 리종 이모와 푸르빌 백작 부인인 질베르트만이 남아 있었다. 백작 부인은 쉴새없이 이 말만을 반복했다.

"가엾은 분. 정말 딱하기도 하지."

푸르빌 백작은 자기 어머니를 잃은 듯이 눈물을 흘리며 슬피 울었다.

또 다른 슬픔

장례식이 끝나고 며칠 동안은 몹시 슬펐다. 온 집안이 텅 빈 듯한 느낌이었다. 어머니가 살아계실 때 늘 사용하던 물건들이 눈에 띌 때마다 사람들은 새로운 슬픔을 느꼈다. 언제나 앉아 계시던 안락의자, 그대로 놓여 있는 어머니의 컵, 가위, 장갑 한 짝……. 어느 방에나 어머니를 떠올리게 하는 물건들이 있었다. 어머니의 음성은 귀에 선하게 남아 있어, 어디선가 어머니의 음성이 들리는 것만 같았다.

남작은 며칠 뒤에 돌아갔다. 새로운 공기를 호흡하면서 괴로움을 잊고 싶었던 것이다. 저택은 다시 평온하고 규칙적인 생활을 되찾았다.

그러던 어느 날, 폴이 병이 났다. 잔은 완전히 이성을 잃은 채 거의 먹지도, 자지도 않고 폴의 곁을 지켰다. 어린애의 병은 다 나았지만, 잔은 혹시 폴이 죽을지도 모른다는 공포에 떨어야만 했다. 이런 생각이 들자, 잔은 아이가 또 하나 있었으면 좋겠다는 욕심이 생겼다.

그러나 로잘리 일이 있은 뒤부터 잔은 남편과 방을 따로 쓰고 있었다. 게다가 쥘리앵은 더 이상 잔에게 관심을 갖지 않는 것 같았다. 그런 생각은 단념해 버려야겠다고 생각하면서도, 여자 아이가 너무나 갖고 싶었다. 잔은 피코 신부를 찾아가 이 일을 의논해 보기로 했다. 나무 그

늘 밑에 자리를 잡고 앉자, 잔은 자기의 마음을 신부에게 털어놓았다.

"신부님, 저는 아기를 하나 더 갖고 싶어요. 얼마 전에 폴을 잃을 뻔 했습니다. 그랬더라면 저는 어떻게 됐을까요? 하지만, 쥘리앵과 저는 로잘리의 일이 있은 후부터는 서로 남남처럼 지내고 있어요."

잔은 입을 다물었다.

피코 신부는 그녀를 위로하며 말했다.

"제가 쥘리앵 씨를 만나 보도록 하지요. 나를 믿으셔도 좋습니다."

"감사합니다, 신부님."

하고 중얼거린 다음에 잔은 집으로 돌아와 예전처럼 함께 밤을 보냈다.

"당신은 아이를 갖고 싶지 않으세요?"

잔이 묻자, 쥘리앵은 놀라 어리둥절한 표정이 되었다.

"뭐야, 당신 미쳤어? 아이를 더? 하느님 맙소사! 하나 있는 것도 빽빽 거려서 귀찮고 돈이 드는데, 거기에 하나 더라고? 제발 그만둬!"

잔은 필사적인 심정으로 낮은 목소리로 속삭였다.

"제발 부탁이니 한 번만 더 어머니가 되게 해 주세요."

그러나 쥘리앵은 기분이 상한 듯 화를 벌컥 냈다. 잔은 또다시 피코 신부를 찾아갔다. 그리고 주저하지 않고 곧바로 모든 것을 이야기했다.

"남편은 어린애를 더 바라지 않는답니다."

신부는 잠시 동안 생각해 보더니 조용한 목소리로 말했다.

"방법은 한 가지밖에 없습니다. 그것은 남편 분에게 부인이 임신하셨다고 믿도록 하는 것입니다. 그렇게 되면 남편 분께서도 체념을 하게 되겠지요. 그러면 부인은 정말 임신을 하게 될 겁니다."

잔은 잠시 후 물었다.

"그렇지만 쥘리앵이 제 말을 믿지 않으면 어쩌죠?"

"다른 사람들에게 부인께서 임신하셨다고 말하세요. 그러면 결국 남편 분께서도 그 말을 믿게 되실 겁니다."

잔은 신부의 충고를 그대로 따랐다. 신부의 예견은 완전히 들어맞았다. 한달 후 잔은 아기를 가지게 되었다. 잔은 황홀한 기쁨에 잠겨 정신을 차릴 수가 없었다. 그리고 또다시 행복한 자신을 느끼게 되었다.

9월 말경에 피코 신부가 새 제의를 입고 정식으로 잔을 찾아왔다. 그는 자기의 후임자인 톨비악 신부를 소개했다. 후임 신부는 아주 젊고 깡마른데다 키가 몹시 작고 과장된 말을 좋아하는 사나이였다. 눈언저리는 꺼멓게 움푹 패어 과격한 성격을 나타내 보였다.

늙은 신부는 '고데르빌'의 수도원장으로 임명되었던 것이다. 잔은 피코 신부가 떠난다는 것이 매우 슬펐다. 이 선량한 신부는 잔의 모든 추억과 연결지어져 있었던 것이다. 신부는 그녀의 결혼 주례를 맡아 주었고, 폴에게 세례를 해 주었을 뿐만 아니라, 남작 부인의 장례도 치러 주었던 것이다.

신부는 이번의 승진이 별로 기쁘지 않은지 이렇게 말했다.

"괴롭습니다, 괴로워요! 자작 부인. 내가 이 곳에 부임해온 지 벌써 18년이 흘러갔어요. 이 마을은 그렇게 부유하지도 않고, 별반 가치도 없습니다. 남자들은 신앙심이 없고, 여자들의 행실은 방정맞기 이를 데 없지요. 그렇지만 나는 그런대로 이 지방을 사랑해 왔습니다."

새로 부임해 온 신부는 얼굴이 빨개지더니 불쑥 이렇게 말을 했다.

"내가 부임해 온 이상 그런 것은 깨끗이 고쳐 나가고 말겠습니다."

그는 화를 잘 내는 어린아이 같았다.

피코 신부는 말을 이었다.

"이봐요, 신부. 그런 일을 못하게 하려면 교구의 신자들을 사슬로 붙들어 매야 하지만 그렇게 한다고 해도 별로 효과는 없을 것입니다."

새로 온 작은 신부는 퉁명스런 목소리로 대답했다.

"두고 보십시오."

늙은 신부는 빙그레 웃었다.

"나이가 든다는 것과 경험이 당신을 진정시켜 줄 것입니다. 그렇게 하다가는 성당에는 신자가 한 사람도 남지 않을 게요."

신임 신부는 퉁명스럽게 대답했다.

"우리는 각기 생각하는 견해가 다릅니다. 이제 그만하십시오."

피코 신부는 자신이 맡았던 이 마을과 헤어지는 것을 몹시 아쉬워했다. 자기 방 창문에서 내다보이는 바다, 멀리 배가 지나가는 것을 바라보면서 기도서를 읽으러 자주 갔었던 깔때기 모양의 조그마한 골짜기 등을 못 보게 되는 것이 섭섭하다고 했다.

일주일 후에 톨비악 신부가 다시 찾아왔다. 그는 왕이나 돼야 겨우 할 수 있을까말까한 계획을 거창하게 이야기했다. 그리고는 일요일 미사에는 반드시 참석할 것을 잔에게 당부했다. 잔이 지난 일요일 미사에 참석하지 않았던 것이다.

"부인과 저는 이 지방의 주요 인물입니다. 우리는 이 지방을 지배하지 않으면 안 됩니다. 그리고 사람들의 권위와 존경을 받기 위해서 서로 마음을 합해요 돼요. 교회와 레퓌플 저택이 손을 맞잡으면 나머지 농부들은 우리를 두려워하고 우리에게 복종할 것입니다."

잔의 신앙은 여자들이라면 흔히 갖고 있는 꿈꾸는 듯한 그런 것이었다. 잔은 신부와 사이가 나빠지는 것이 싫어서 미사에 나갈 것을 약속했다. 그러나 차츰 성당에 나가는 것이 몸에 배기 시작했다. 그리고 신비주의자이면서 꾸밈없고 위압적인 이 신부의 영향을 받기 시작했다.

신부가 지니고 있는 한결같은 엄격함, 쾌락을 경멸하는 태도, 그리고 신에 대한 사랑, 거침없는 행동과 꺾을 수 없는 의지 등이 잔에게 진정한 신부다운 인상을 주었다.

그는 신이 주는 경건한 기쁨이 어떻게 잔의 온갖 고뇌를 어루만져 줄 것인가를 가르쳐 주면서 그녀를 그리스도에게로 인도하려고 노력했다.

그러나 마을 사람들은 신부를 미워하게 되었다. 자기 자신에 대해서도 엄격한 이 신부는 다른 사람들에게도 너그럽지가 못했다. 그래서 마을은 이 새로운 신부의 이야기로 언제나 떠들썩했다.

신부는 목요일마다 잔의 집에서 식사를 했다. 다른 날에도 잔과 정신적인 문제와 종교적인 이야기를 하기 위해 자주 왔다. 그들은 그리스도와 사도, 성모, 교황에 대해서 마치 친지라도 되는 듯이 말했다. 쥘리앵도 새로 부임한 이 신부를 매우 존경하면서 이렇게 말했다.

"새로 온 신부는 내 마음에 들어. 타협하려 들지 않거든."

요즘 들어 쥘리앵은 거의 매일같이 푸르빌 백작 댁을 찾아갔다. 백작과 사냥을 한다든가, 비가 오나 바람이 부나 백작 부인과 같이 말을 타곤 했다. 백작은 늘 이렇게 말했다.

"저 사람들은 말에 미친 사람들 같아요. 하지만 내 아내 질베르트를 위해서는 참 잘됐어."

남작은 11월 중순에 돌아왔다. 마음속에 맺힌 슬픔 속에 빠져서, 그새더 늙고 쇠약해져 있었다. 그러나 또 그런 만큼 딸에 대한 남작의 애정은 더욱 깊어졌다.남작은 신부를 보자 참을 수 없는 적의가 끓어오르는 것을 느꼈다.

"아버지는 새로 온 신부에 대해 어떻게 생각하세요?"
하고 잔이 묻자 그는 이렇게 대답했다.

"종교 재판소의 판사 같더구나! 위험천만한 인물이야."

게다가 남작은 가까이 지내는 농부들에게서 젊은 신부의 준엄성과 과격함, 자연의 법칙과 인간의 선천적인 본능에 대해서 지나치게 엄격하다는 소리를 듣자 더욱 마음에 들지 않았다.

남작은 자연을 숭배하는 사람이었다. 그래서 가톨릭 신의 사상에 대해서는 반항했다. 남작은 사상과 생명의 탄압자인 이 엄격한 신부에 대해 반기를 들기 시작했다.

잔은 슬픈 마음으로 하느님께 빌기도 하고, 아버지에게 그러지 말라고 말씀도 드렸지만, 남작은 항상 이렇게 대답했다.

"그따위 인간은 혼쭐을 내 주어야 해. 그것이 우리의 권리인 동시에 의무다. 그 녀석은 인간도 아니야."

남작은 긴 백발을 흔들면서 되풀이했다.

"그런 녀석들은 인간이 아니야. 그것들은 아무것도 몰라. 그저 꿈속에서 헤매고 있는 거지. 놈들은 자연의 이치를 거역하고 있어."

그리고는 마치 저주하듯이 소리쳤다.

"자연의 이치를 거역하고 있어!"

신부도 강력한 자기의 적이 나타난 것을 알고 있었다. 하지만 저택과 부인을 자기 손아귀에 쥐고 싶어서, 조용히 시기를 기다리고 있었다. 또한 신부는 우연히도 쥘리앵과 질베르트 사이를 알게 되었다. 그래서 무슨 수를 써서라도 두 사람의 관계를 끊어 놓으려고 생각했다. 겨울이 끝나가던 어느 날, 신부는 잔에게 어렵게 결심한 듯한 이야기를 꺼냈다.

"자작 부인, 제가 지금 하려는 일은 고통스러운 의무입니다. 그러나 다른 도리가 없습니다. 부인, 부인의 남편 되시는 분께서는 푸르빌 백작 부인과 불륜의 관계를 맺고 계십니다."

그녀는 힘없이 고개를 아래로 떨구었다. 신부는 계속했다.

"자, 이제 어떻게 하실 작정이세요?"

그녀는 어물어물 말했다.

"저보고 어떻게 하라는 말씀입니까, 신부님?"

신부는 격한 어조로 대답했다.

"어떻게든지 이 죄를 씻어야지요."

그녀는 괴로움에 울면서 말했다.

"남편은 전에도 하녀와의 관계로 저를 배신한 적이 있어요. 그이는 이제 저를 사랑하지도 않습니다. 자기의 비위에 조금만 거슬리는 말을 해도 저에게 심하게 굴죠. 그러니 제가 어쩌겠어요?"

신부는 소리쳤다.

"그렇다면 부인께서는 그냥 단념하시는 거군요! 집 안에 간통자가 있는데도 참기만 하시겠단 말씀입니까? 바로 눈앞에서 신의 뜻을 거스르는 범죄가 행해지고 있는데도 부인은 외면하고 있습니다. 그러고도 부인이 아내요, 그리스도 신자이며, 어머니라고 할 수 있습니까?"

잔은 흐느껴 울면서 물었다.

"그럼 저보고 어떻게 하라는 말씀이세요?"

신부는 대답했다.

"이러한 행위를 용서하느니 차라리 남편과 헤어지세요. 그리고 이 더러운 집을 떠나십시오!"

잔은 대답했다.

"하지만 신부님, 제게는 돈도 용기도 없어요. 그리고 증거도 없는데 어떻게 집을 떠납니까? 저에게는 그럴 권리조차 없어요."

신부는 몸을 떨면서 일어났다.

"부인, 당신은 매우 비겁한 분입니다. 나는 당신이 그런 사람인 줄 몰랐어요. 당신은 하느님의 자비를 받을 자격이 없습니다."

잔은 쓰러지듯 무릎을 꿇었다.

"제발 저를 버리지 마세요. 제가 가야 할 길을 가르쳐 주세요!"

신부는 짤막하게 대답했다.

"푸르빌 백작에게 알려 드리세요. 두 사람의 관계를 끊을 사람은 그

분뿐입니다."

그 말을 듣고 생각해 보던 잔은 몸서리를 쳤다.

"아아, 신부님! 그분은 두 사람을 죽이고 말 거예요! 오, 안 돼요! 절대로 그렇게는 못 하겠어요!"

그러자 신부는 그녀를 저주하려는 듯이 손을 번쩍 들었다.

"그들보다도 더 죄가 많은 자는 바로 당신이니까요. 참으로 당신은 너그러운 아내시군요! 난 이런 곳에서 이제 더 할 일이 없소."

신부는 몹시 격분한 나머지 부들부들 떨면서 나가 버렸다.

잔은 정신없이 그의 뒤를 쫓아갔다. 그러나 신부는 분노로 몸을 부들부들 떨며 자기 키만한 우산을 휘두르면서 빠른 걸음으로 걸어갔다.

신부는 울타리 곁에 서서 일꾼들이 나뭇가지를 치는 것을 감독하고 있는 쥘리앵을 발견했다. 그래서 그는 쿠이야르 농장을 지나가려고 왼쪽으로 구부러졌다.

"내버려 두십시오, 부인! 당신께는 더 할 이야기도 없습니다."

신부는 되풀이해서 말했다.

잔은 신부의 뒤를 쫓아가며 말했다.

"저에게 며칠 간 생각할 시간을 주세요, 신부님. 그리고 집에 다시 와 주세요. 그 때 제가 계획한 것을 말씀드리겠습니다."

길의 마당 한가운데 한 떼의 아이들이 모여 있었다. 아이들은 무엇인가 주의 깊게 바라보고 있었다. 남작도 같이 뒷짐을 진 채 흥미롭게 바라보고 있었다. 남작의 그 모습은 마치 초등학교 선생님 같았다.

신부는 아이들의 흥미를 끄는 것이 무엇인지 보기 위해 다가섰다. 신부가 들여다보니 미르자라는 개가 새끼를 낳고 있었다. 개집 앞에는 벌써 다섯 마리의 새끼가 어미 주위에서 꿈틀거리고 있었다. 어미개는 몹시 고통스러워하면서도 귀엽다는 듯이 새끼의 몸을 핥아 주고 있었다.

신부가 몸을 굽히고 들여다보는 순간 개는 몸을 쭉 뻗더니 여섯 마리째 새끼를 낳았다. 그것을 보자 아이들이 기뻐 손뼉을 치면서 소리쳤다.

"또 한 마리 나왔다."

아이들은 구경에 열중하고 있었다. 그것은 자연스러운 광경이었다.

톨비악 신부는 처음에는 어리둥절했다. 하지만, 순간 참을 수 없는 분노가 치밀어 그의 큰 우산을 치켜들고는 모여선 아이들의 머리를 힘껏 후려갈기기 시작했다. 놀란 아이들이 와르르 뛰어 달아났다.

그러자 신부는 다시 억지로 일어나려는 어미개를 후려치기 시작했다. 사슬에 묶인 개는 도망가지도 못하고 빗발치는 매를 맞으며 처참한 비명을 질렀다. 우산이 부러졌다. 때릴 것이 없어지자 이번에는 개 위에 올라앉아 미친 듯이 짓밟아 버렸다. 잔은 이미 도망쳐 버렸다.

별안간 신부는 커다란 손이 자신의 목덜미를 잡는 것을 느꼈다. 그리고는 뺨을 한 대 얻어맞았고, 그의 삼각모자가 날아갔다. 화가 난 남작은 신부를 울타리까지 끌고 가서 길바닥에다 내동댕이쳤다.

개 주인인 페르튀가 나와 보니 딸이 울면서 스커트에 새끼들을 주워 담고 있었다. 그는 신부를 가리키며 딸에게 소리쳤다.

"저걸 봐라! 저 성직자의 옷을 입은 인간을! 너도 방금 봤지?"

소작인들도 달려왔다. 피를 흘리고 있는 개의 모습을 본 쿠이야르 부인이 외쳤다.

"어쩜 저렇게 잔인할 수가!"

잔은 자신이 강아지들을 데리고 가서 기르겠다고 했다. 우유를 먹였으나 세 마리는 그 이튿날로 죽었다. 시몽 영감은 나머지 새끼들에게 젖먹일 어미개를 찾으려고 온 동네를 뛰어다니더니 암코양이 한 마리를 얻어 와 이 암코양이가 어미 노릇을 할 수 있을 것이라고 말했다.

신부는 다시 오지 않았다. 그러나 다음 주일날 설교단 위에서 이 마을에 대해 저주와 욕설을 퍼부었다. 그리고 남작을 파문시키겠다고 말했다. 하지만 남작은 오히려 즐거워했다.

신부는 설교를 할 때마다 하느님의 때가 가까웠다고 소리쳤다. 그리고 하느님의 적은 모두 벼락을 맞을 것이라고 예언하면서 끊임없이 복수를 선언했다. 마을 사람들은 요즘들어 신부가 혼자 흥분한 모습으로 산책 하는 것을 자주 보게 되었다.

질베르트와 쥘리앵은 승마를 하는 길에 종종 신부의 모습을 보았다. 어느 때는 들의 끝이나 절벽 끝에 있기도 하고, 또 어느 때는 좁은 골짜기에서 기도서를 읽을 때도 있었다. 그럴 때면 두 사람은 신부와 마주치지 않으려고 말고삐를 돌리는 것이었다.

봄이 왔다. 질베르트와 쥘리앵의 애정은 더욱 불타올라 말이 이끌고 가는 대로 여기저기 그늘 밑에서 매일같이 포옹을 하는 것이었다.

바람이 몹시 부는 5월 초순의 어느 날 오후였다. 잔은 난롯가에서 책을 읽고 있었다. 그 때, 문득 창밖으로 푸르빌 백작이 걸어오는 것이 보였다. 그 걸음걸이가 어찌나 급한지 무슨 심상치 않은 일이 일어난 것 같았다. 잔은 백작을 맞이하려고 급히 아래층으로 내려갔다.

백작은 정신나간 사람 같았다. 그는 집 안에서밖에 쓰지 않는 큰 털가죽 모자를 그대로 쓴 채 사냥복을 입고 있었다. 얼굴이 몹시 창백해져서 그의 빨간 수염이 마치 불꽃처럼 보였다. 그의 두 눈은 험악했고 얼이 빠진 듯했다.

백작은 중얼거리듯이 말했다.

"제 아내 질베르트가 여기 와 있죠?"

잔은 대답했다.

"아니에요. 오늘은 한 번도 못 봤습니다."

그러자 백작은 마치 다리가 부러지기라도 한 듯, 털썩 주저앉더니 모자를 벗고 손수건을 꺼내 몇 번이나 이마를 닦았다. 그리고는 벌떡 일어나서 두 팔을 벌리고 잔에게로 다가가서는 마치 헛소리를 하듯이 중얼거리다 멈추고, 그녀를 뚫어지게 바라보았다. 마침내 무엇인가를 털어놓으려는 듯이 입을 벌리며 헛소리처럼 말했다.

"당신의 남편 되시는 분이니……. 당신 역시……."

그리고는 바다 쪽으로 뛰어나갔다. 잔은 백작을 뒤쫓아 나갔다.

'저분은 다 알고 있구나! 어떻게 할 작정인가? 아아, 제발 그들이 저분의 눈에 띄지 말았으면…….'

이렇게 생각하자 공포가 잔의 마음을 짓눌렀다. 하지만 도저히 백작을 따라갈 수가 없었다. 그는 개울을 넘고 갈대밭을 지나 절벽에까지 이르렀다. 잔은 나무들이 서 있는 비탈진 곳에 선 채 오랫동안 백작의 뒷모습을 바라보았다. 백작의 모습이 보이지 않게 되자 불안으로 가슴을 졸이며 집으로 돌아왔다.

백작은 마구 달리기 시작했다. 거친 바다는 높은 물결을 일으켰고, 시커먼 구름은 빠른 속도로 달려왔다가 지나갔다. 구름장 하나하나가 밀려올 때마다 굵은 빗발이 언덕을 휘덮곤 했다.

세찬 바람은 휙휙 소리를 내고, 풀을 짓밟고, 어린 농작물을 쓰러뜨리며, 물거품 같은 흰 갈매기들을 멀리 실어가고 있었다. 계속해서 내리는 빗방울이 백작의 뺨을 때리고 볼과 수염을 적셨다. 요란한 빗소리에 귀가 먹먹해지고 가슴속에서는 분노가 끓어올랐다. 저 멀리에는 보코트 계곡이 험한 골짜기의 모습을 드러내고 있었다. 양은 한 마리도 없는 목장 구석에 오두막집이 한 채 있을 뿐, 보이는 것이라곤 아무것도 없었다. 두 마리의 말이 그 이동식 오두막집 기둥에 매여 있었다.

말을 보자 백작은 곧 땅에 엎드려 기기 시작했다. 진흙투성이가 된 몸뚱이와 털가죽 모자를 쓴 그는 마치 괴물 같았다. 그는 외따로 떨어

진 오두막집까지 기어올라갔다. 그리고 울타리 사이로 자기 몸이 보일
까 봐 그 밑으로 몸을 감추었다.

그를 보자 두 마리의 말은 땅을 긁적거렸다. 백작은 손에 쥐고 있던
칼로 가만히 말고삐를 끊었다. 갑자기 돌개바람이 불어와 오두막집을
뒤흔들었다. 그 지붕에 후려치는 우박소리에 놀란 말은 도망쳐 버렸다.

그러자 백작은 무릎을 꿇고 일어나서 문 밑 쪽에 눈을 대고 그 안을
들여다보았다. 꽤 오랜 시간이 지나갔다. 그러더니 갑자기 진흙투성이
가 된 몸뚱이가 벌떡 일어섰다.

그는 밖에서 잠그게 되어 있는 빗장을 잠그고, 부수어 버릴 듯이 오
두막집을 뒤흔들기 시작했다. 그러더니 갑자기 이동식 오두막집을, 숨
을 헐떡이며 소처럼 끌었다. 그리고는 오두막집 안에 두 사람이 들어
있는 채로 비탈진 절벽 쪽으로 끌고 갔다.

안에 들어 있는 두 사람은 무슨 일인지 영문도 모르는 채 주먹으로
널빤지를 두드리며 소리를 질렀다.

경사의 끝까지 오자 백작은 이 가벼운 오두막집을 놓아 버렸다.

오두막집은 요란한 소리를 내며 비탈을 굴러가기 시작했다. 점점 속
력을 더해 짐승처럼 뛰고 땅을 치면서 빠르게 굴러 내려갔다.

개울가에서 웅크리고 있던 늙은 거지는 자기 머리 위로 오두막집이
단숨에 굴러 떨어지는 것을 보았다. 그리고 나무 궤짝 속에서 울려 나
오는 무서운 비명 소리를 들었다.

무엇엔가 부딪히면서 바퀴 하나가 떨어져 나간 오두막집은 옆으로 부
딪쳤다가 공처럼 데굴데굴 굴러 내렸다. 그리고는 맨 아래 골짜기 끝에
다다르자 한 번 튀어올라 곡선을 그리면서 골짜기에 떨어져 달걀처럼
박살이 났다.

오두막집이 머리 위를 지나 골짜기의 돌바닥에서 부서지는 것을 본

늙은 거지는 숲을 헤치고 밖으로 나왔다. 하지만, 부서진 궤짝 가까이에는 가지도 못하고 근처의 농가로 달려가 이 사실을 알렸다.

달려온 사람들이 부서진 조각을 들어올렸다. 그러자 두 구의 시체가 발견되었다. 시체는 심한 상처로 깨져 있었다. 남자는 이마가 쪼개졌고, 여자의 턱은 대롱대롱 매달려 있었으며, 부서진 팔다리는 뼈가 없는 듯 흐물흐물했다. 그래도 두 사람의 얼굴은 알아볼 수 있었다.

사람들은 이 불행한 일이 왜 일어나게 됐는지에 대해 이야기를 했다.

"이 안에서 무얼 하고 있었을까?"

하고 한 여자가 말했다.

그러자 늙은 거지는 틀림없이 돌풍을 피하려고 그 안에 들어갔을 것이라고 말했다. 그런데 거센 바람이 오두막집을 엎어 굴러떨어뜨렸을 것이라고 덧붙였다. 그리고 자기가 그 안에 들어가려고 했는데, 두 마리의 말이 매여 있는 것을 보고 벌써 딴 사람이 차지했구나 생각하고는 돌아와 버렸다고 말했다. 그러면서 만족스러운 듯이 이렇게 덧붙였다.

"그렇지 않았더라면 내가 이 꼴을 당할 뻔했어."

그러자 누군가가 이렇게 말했다.

"그렇게 되는 편이 낫지 않았을까?"

늙은 거지는 화가 나서 소리쳤다.

"어째서 그 편이 낫다는 거야, 어? 나는 가난하고 이 사람들은 부자라서 그래? 이 꼴을 좀 보고 말을 해."

그리고는 비에 흠뻑 젖은 누더기를 걸치고 헝클어진 수염에다 찌그러진 모자 밑으로 긴 머리털을 늘어뜨린 그 더러운 거지는, 구부러진 지팡이 끝으로 시체를 가리키며 말했다.

"죽으면 다 저 모양과 똑같이 되는 거야."

그러는 동안에 다른 농부들도 모여들었다. 그리고 어떻게 하면 좋을까를 협의했다. 우선 시체를 저택으로 운반하기로 결정하고 두 대의 마차에 말을 맸다. 그런데 또 다른 문제가 생겼다. 어떤 이는 마차바닥에 짚을 깔자고 했고, 어떤 이는 예의상 요를 까는 게 좋겠다고 말했다.

한 여자가 소리쳤다.

"그렇지만 요가 피투성이가 될 거예요. 그러면 표백제를 사야 된단 말이에요."

그러자 사람 좋게 생긴 뚱뚱한 농부 하나가 대답했다.

"그게 뭐가 걱정이에요? 당연히 요값은 주겠지요."

모두들 거기에 동의했다. 그래서 두 대의 마차가, 한 대는 오른쪽으로 또 한 대는 왼쪽으로 급히 달려갔다. 마차가 도랑에 빠져 흔들릴 때마다 이제 영원히 만날 수 없게 된 두 사람의 시체는 이리저리 흔들렸다.

백작은 오두막집이 험난한 절벽 밑으로 굴러 떨어지는 것을 보자 폭풍우 속을 마구 달리기 시작했다. 그렇게 길을 가로 건너고 비탈을 뛰어넘고 울타리를 부수면서 몇 시간 동안을 달렸다.

백작은 해질 무렵이 다 되어서야 집으로 돌아왔다. 하인들은 두 마리의 말이 주인 없이 돌아왔다고 알렸다. 쥘리앵의 말도 백작 부인의 말을 따라 이 집으로 들어온 것이었다.

"무슨 일이 생긴 게 틀림없어. 빨리 나가서 찾아보도록 해."

백작은 이렇게 말한 후, 아직도 열렬히 사랑하고 있는 여자가 죽어서 오는지, 혹은 빈사상태가 됐는지, 아니면 불구가 되어서 오는지를 보기 위해 덤불 속에 숨어서 기다렸다.

잠시 후 한 대의 마차가 이상한 물건을 싣고 그의 앞을 지나갔다. 그 마차는 저택 안으로 들어갔다.

"그렇다, 저것이 그녀다. 그 여자다."

그는 이렇게 생각했다. 그러자 무서운 불안감이 엄습해 와서 그 자리에서 꼼짝할 수가 없었다. 그 사실을 직접 눈으로 본다는 것이 두려웠다. 그는 토끼처럼 움츠린 채 조그만 소리에도 몸을 떨었다.

그는 한 시간을 기다렸다. 아니, 두 시간이 지났는지도 모른다. 마차는 다시 나오지 않았다. 그는 질베르트가 숨이 넘어가고 있는 모양이라고 생각했다. 그러자 아내와 만나 서로 시선이 마주칠 것이 무서웠다. 그래서 숲 속으로 도망쳤다. 그러나 갑자기 아내는 자기의 도움이 필요할 것이라는, 아내를 간호해 줄 사람은 자기 밖에 없다는 생각이 떠올랐다. 백작은 정신없이 집으로 되돌아왔다. 오는 길에 정원사를 만났다.

"어떻게 됐나?"

하고 그에게 소리쳤다.

정원사가 선뜻 대답을 못하자 푸르빌 백작이 되물었다.

"죽었단 말이냐?"

"네, 백작님,"

정원사는 중얼거리듯이 대답했다.

그 말을 듣자 백작은 안도의 숨을 내쉬었다. 갑자기 안도감이 그의 온몸에 스며들었다. 그는 힘찬 걸음걸이로 현관 층계를 올라갔다.

그 즈음 또 한 대의 마차가 레푀플에 도착했다. 잔은 멀리서 그것을 보았다. 담요 위에 사람의 시체가 놓여 있는 것을 보고는 모든 것을 알 수 있었다. 잔은 너무나 심한 충격을 받아 그 자리에 쓰러졌다.

잔이 다시 의식을 회복해서 보니, 남작은 자기의 머리를 받쳐들고 식초로 이마를 적셔 주고 있었다. 남작이 주저하면서 물었다.

"알고 있었니?"

잔은 조그맣게 대답했다.

"네, 아버지."

잔은 일어나려고 했지만 일어날 수가 없었다. 그녀가 받은 충격이 너무나 컸기 때문이다. 그날 밤 잔은 아이를 낳았다. 여자 아이였지만, 이미 죽어 있었다. 잔은 쥘리앵의 장례식에 나가지 못했기 때문에, 그 뒤의 일은 아무것도 알지 못했다. 단지 하루인가 이틀이 지난 후에 리종 이모가 와 있다는 것만 알았을 뿐이다.

그 뒤로도 잔은 계속 열에 들떠 리종 이모가 언제 무슨 사정으로, 레 푀플을 떠났던가를 열심히 생각해 보려고 했다. 하지만, 정신이 맑아져도 도무지 생각이 나지 않았다. 어머니가 돌아가신 후에 그녀를 본 기억만이 확실할 뿐이었다.

로잘리와의 재회

잔은 석 달 동안이나 침대에 누워 있어야 했다. 몸은 약해질 대로 약해져 있었고, 얼굴빛도 많이 창백했다. 다른 사람들은 이제는 살아날 가망이 없다고 생각했다. 그러나 잔은 조금씩 생기를 되찾아갔다.

남작과 리종 이모는 계속 레푀플에 머물며 잔의 곁을 떠나지 않았다. 잔은 쥘리앵의 죽음으로 인해 충격을 겪고 난 후에는 일종의 신경쇠약증에 걸리고 말았다. 그래서 조그만 소리에도 정신을 잃었고, 대수롭지 않은 일에도 인사 불성에 빠지곤 했다.

잔은 쥘리앵의 죽음에 대해서 자세히 알려고 하지 않았다.

'물어 봤자 무슨 소용이 있단 말인가.'

모두들 우연한 사고라고 했지만 잔은 믿지 않았다. 잔은 이 비밀을 홀로 가슴속에 간직하고 있다는 것이 고통스러웠다. 질베르트와 쥘리앵과의 관계는 이미 알고 있었던 것이다. 참사가 일어났던 날 백작의 갑작스러운 방문도 있었다.

그러나 시간이 지남에 따라 잔의 마음은 쥘리앵과의 감동적이며 달콤한 사랑의 기쁨만으로 가득 찼다. 약혼 시절의 쥘리앵, 코르시카 섬의 강렬한 태양 밑에서 함께 나누었던 사랑을 다시 그려 보노라면, 쥘리앵이 가졌던 모든 결점과 잔인성도 점점 사라져 가고, 그가 저질렀던 배신도 멀어지는 추억 속으로 희미해져 갔다.

잔은 온갖 정성을 기울여 폴에게 몰두했다. 폴은 세 어른들의 우상이자 유일한 관심거리가 되었다. 폴은 작은 폭군처럼 그들을 지배했고, 남작과 리종 이모, 그리고 잔 세 사람 사이에는 일종의 질투심마저 생겨났다.

어느덧 2년이란 평화로운 세월이 조용히 흘러갔다. 3년째 되던 겨울에는 그 다음 봄까지 루앙에서 지내기로 해서 온 가족이 그 곳으로 옮겨갔다. 그러나 오랫동안 비어 있던 축축한 루앙의 옛 집에 도착하자마자, 폴은 심한 기관지염에 걸렸다. 세 사람은 늑막염이 되지 않을까 염려했다. 어른들은 폴에게는 레푀플의 공기가 필요하다고 결론지었다. 그리고 폴이 낫자마자 다시 레푀플로 데리고 돌아왔다.

또다시 단조롭고 조용한 나날이 계속되었다. 세 사람은 언제나 폴의 곁에 둘러앉았다. 어느 때는 아이의 방에서, 때로는 큰 객실에서, 정원에서. 그리고는 어린애의 중얼거리는 말소리나, 귀여운 재롱을 볼 때마다 행복해지는 것이다.

잔은 폴의 별명으로 '폴레'라고 불렀다. 폴은 이 말을 똑똑히 발음하지 못하고 언제나 '풀레'(병아리)라고 해서 어른들의 웃음을 자아냈다. 나중에는 모두 풀레라는 별명을 쓰게 되었다.

폴은 부쩍부쩍 자랐다. 남작이 '세 명의 어머니'라고 부르는 이 세 어른들은 폴의 키를 재는 일에 정신이 없었다. 객실의 문이 맞닿은 벽판 위에 매일 가느다란 줄을 그어 표시했다. 폴의 키를 재는 일은 레푀플 식구들의 생활 속에 중요한 위치를 차지하게 되었다.

그리고 또 한 가지 새로운 것은 저택에서 마사르크라는 개를 키우게 된 일이었다. 마사르크는 톨비악 신부가 때려 죽인 개의 새끼였다. 개는 찬모 뤼디빈에게서 밥을 얻어 먹으며, 사슬에 묶인 채 마구간 앞의 헌 통에서 홀로 지내고 있었다.

어느 날 아침, 폴이 개를 발견하고는 안아 보고 싶다면서 떼를 쓰기 시작했다. 어른들은 조심스런 마음으로 폴을 개 곁으로 데리고 갔다. 폴을 보자 마사르크는 반갑게 꼬리를 흔들었다. 폴은 마사르크와 떼어놓으려 하자 마구 울어 댔다.

이렇게 해서 마사르크는 사슬에서 풀려 집 안에서 함께 살게 되었다. 개와 폴은 한시도 떼어놓을 수 없는 친구가 되어 버렸다. 같이 뒹굴고 양탄자 위에서 같이 잤다. 그리고 얼마 안 가서 폴의 침대 속에서 같이 자게 되었다. 잔은 때때로 개벼룩 때문에 고통스러웠다. 리종 이모는 폴의 애정을 개에게 모두 빼앗겼다고 하면서 개를 질투하기까지 했다.

브리즈빌 가문과 쿠틀리에 가문과는 가끔씩 서로 왕래했다. 촌장과 의사만이 규칙적으로 이 저택을 찾아왔다. 잔은 어미개의 학살과 백작 부인과 쥘리앵의 죽음 후에는 다시 성당에 나가지 않았다. 그녀는 톨비악 신부는 물론, 신부를 보낸 신에 대해서까지 분노를 느끼고 있었다.

톨비악 신부는 때때로 공공연하게 레푀플 저택을 저주했다.

"그 집은 악의 정령, 영원한 반항의 정령, 부정의 정령, 타락과 불의의 정령이 사는 집입니다."

그리고 남작도 그러한 정령 가운데 하나라고 말했다. 그러나 신자들은 점점 줄어들었다. 농부들은 신부에게 인사조차 하지 않았다. 그뿐 아니라 그는 악령이 붙은 여자에게서 악령을 쫓아 냈다고 해서 마술사로 통하고 있었다. 신부의 편협하고 광신적인 집착은 점점 더 심해져 갔다. 저주를 물리치는 신비한 말을 알고 있다는 말이 들리는가 하면, 그가 암소에 손을 대면 푸른 젖이 나오고, 꼬리를 동그랗게 말거나 무슨 이상한 소리를 지껄이면, 잃어버린 물건이 다시 나온다는 등등의 소문이 꼬리에 꼬리를 물었다.

특히 그는 자기의 사명이 이러한 신비적이고 불길한 힘을 격파하는 데 있다고 믿었기 때문에, 종교 서적 속에 기재되어 있는 모든 악마를 몰아 내는 주문을 외웠다. 신부는 잔을 만나도 인사하지 않았다.

이러한 상태를 보는 리종 이모의 마음은 불안스럽고 슬프기만 했다. 그녀에게 성당에 가지 않는다는 것은 생각조차 할 수 없는 일이었다.

리종 이모는 폴과 단둘이 있게 되면 낮은 목소리로 하느님의 이야기를 들려주었다. 폴은 〈창세기〉의 기적에 찬 이야기를 재미있게 듣고 있다가, 하느님을 사랑해야만 한다는 말을 듣자 이렇게 물었다.

"하느님은 어디 있어요, 할머니?"

그러면 리종 이모는 손가락으로 하늘을 가리키며 대답했다.

"저 위, 높은 곳에 계시단다, 폴레."

그녀는 이런 이야기를 하는 것을 남작이 알게 될까 봐 무서웠다.

어느덧 폴은 열 살이 되었다. 폴은 건강하고 나무에 올라가는 것을 좋아하는 장난꾸러기였다. 하지만, 재능이 뛰어난 아이는 아니었다. 공부를 하다가 싫증이 나면 곧 그만두었다. 게다가 남작이 조금이라도 책상 앞에 붙들어 앉히려고 하면, 잔이 와서 이렇게 말하는 것이었다.

"이제 그만 하고 놀게 하세요. 너무 지치게 하면 안 돼요."

잔의 눈에는 폴이 언제나 한 살 정도밖에 안 되는 어린아이로 보였다. 잔은 폴이 넘어지지나 않을까, 감기나 들지 않을까, 뛰어다니다가 더위를 먹지나 않을까, 과식하지나 않을까, 적게 먹지나 않을까 하고 늘 걱정으로 지내는 것이었다.

폴이 열두 살이 되자 어려운 고민거리가 하나 생겼다. 그것은 교회에서 행하는 성체배수의 문제였다. 어느 날 아침 리종 이모는 폴에게 종교상의 예의를 가르치는 일을 더 이상 지체할 수 없다고, 특히 늘 만나는 사람들의 입이 무섭다고 잔에게 말했다. 잔은 어떻게 해야 좋을지 몰라 결정을 못 짓고 망설이면서 좀더 기다려 보자고 대답했다.

한 달 후, 그녀가 브리즈빌 자작 댁을 방문했을 때 부인이 물었다.

"폴이 첫 성체배수를 하는 때가 올해지요?"

갑작스런 질문에 잔은 쉽게 대답해 버렸다.

"네, 부인."

이 간단한 말 한마디가 그녀의 마음을 결정지었다.

잔은 남작에게는 알리지 않고 리종 이모에게 부탁하여 폴을 교리 문답에 데리고 나가도록 했다. 아무 일 없이 한 달이 지나갔다.

그런데 어느 날 저녁, 폴레가 목이 쉬어서 돌아왔다. 그 다음 날부터는 기침을 하기 시작했다. 잔은 깜짝 놀라 물어 보았다.

폴의 말에 의하면, 수업 태도가 좋지 않다고 신부로부터 수업이 끝날 때까지 바람이 불어닥치는 성당 문 앞에 서 있는 벌을 받았다는 것이다.

잔은 더 이상 폴을 성당으로 내보내지 않고 자기가 직접 종교 기초 지식을 가르치기 시작했다. 그러나 첫 성체 배수 의식이 거행되었을 때, 톨비악 신부는 폴이 성체배수자 속에 끼는 것을 거절했다. 폴은 아직 충분한 교육을 받지 못했기 때문이라는 이유였다.

다음 해에도 마찬가지였다. 화가 난 남작은 올바른 사람이 되기 위해서는 그따위 의식은 따를 필요가 없다고 말했다. 그리고는 아이가 성년이 되면 자신의 의지에 따라 종교를 선택하도록 하기로 했다.

잔은 그 후 얼마 있다가 브리즈빌 댁을 방문했다. 하지만 브리즈빌 가에서는 답례로 레푀플을 방문하지 않았다. 사소한 예의 범절까지 차리는 이웃 귀족들의 생활 방식을 잘 알고 있던 잔은 깜짝 놀랐다.

어느 날 잔은 쿠틀리에 후작 부인에게서 그 이유를 알게 되었다. 쿠틀리에 후작 부인은 오만한 태도로 설명해 주었다. 노르망디 귀족의 여왕처럼 행동하고 있는 이 부인은 퉁명스러운 말씨로 이렇게 말했다.

"사람은 두 부류로 갈라져 있지요. 신을 믿는 사람과 믿지 않는 사람으로 말입니다. 신을 믿는 사람은 아무리 신분이 천해도 우리의 벗이에요. 하지만 그렇지 않은 사람은 우리와 아무런 관련도 없습니다."

잔은 쿠틀리에 후작 부인의 말에 이렇게 응수했다.

"하지만 성당에 나가지 않고 신을 믿을 수는 없을까요?"

후작 부인은 대답했다.

"아뇨, 부인. 신자라는 것은 사람을 방문하듯이 성당에 가서 신에게 기도해야 하는 것입니다."

잔은 자존심이 상했다.

"그렇지만 부인, 신은 어디에나 계십니다. 제 경우를 말씀드리자면 마음으로는 언제나 신의 은총을 절대적으로 믿습니다. 하지만, 어떤 종류의 신부가 중간에 신과 나 사이에 끼어들어 있을 때에는 오히려 신의 존재가 뚜렷하게 느껴지지 않더군요."

후작 부인은 일어섰다.

"신부는 하느님의 교회를 대표하시는 분입니다. 누구든 그를 따르지 않는 사람은 교회의 적이요, 우리들의 적이라고 할 수 있지요."

잔은 몸을 떨면서 일어났다.

"부인께서는 어떤 한 종파의 신만을 믿고 계시는군요. 그러나 부인, 저는 진정한 인간의 신을 믿고자 하는 것입니다."

잔은 인사를 하고는 쿠틀리에 후작 부인의 집을 나와 버렸다.

농부들도 폴을 첫 성체배수에 참여시키지 않았다며 끼리끼리 모여 잔의 흉을 보았다. 그들은 미사에도 나가지 않고, 또 나간다 해도 성당의 엄격한 법규에 못 이겨서 나가는 부활절 때뿐이었다. 그러나 자식들의 일에 있어서는 문제가 달랐다. 아이들을 기르는 데 있어서는 모두가 교회의 법규를 준수해야 한다고 생각했기 때문이다.

잔은 자기가 비난을 받고 있다는 것을 잘 알고 있었다. 하지만, 마음속으로는 다른 사람들의 이러한 타협과 양심의 허식, 그리고 거짓된 도덕성에 분노가 치밀었다.

남작이 폴에게 라틴 어를 가르쳤다. 잔은 이제 한 가지 말밖에는 할 줄 몰랐다.

"애가 너무 피로하지 않게 하세요."

그리고는 걱정스럽게 공부방 주위를 서성거리며 묻는 것이었다.

"발이 시리지 않니, 풀레? 골치 아프진 않아?"

혹은 공부를 그만 끝마치게 하려고 이렇게 말하기도 했다.

"너무 말을 시키지 마세요. 아이 목이 상해요."

그러자 남작은 잔에게 절대로 공부방에 들어오지 못하도록 했다. 폴은 수업이 끝나면 곧 어머니와 리종 할머니와 함께 뜰로 내려갔다.

세 사람은 요즈음 식물을 재배하는 데 재미를 붙이고 있었다. 봄에 심어 놓은 묘목과 씨를 뿌려 놓은 데서 싹이 트고 꽃이 피는 것을 보며 기뻐하기도 하고, 꽃을 따서 꽃다발을 만들기도 했다.

폴은 샐러드 채소 가꾸는 데에 큰 관심을 보였다. 채소밭의 큰 묘판 네 개를 맡아서 상추, 로멘, 치커리, 파프리카 퓌생 등의 샐러드 채소를 재배했다. 호미로 매고, 풀을 뽑고, 묘목을 옮겨 심고…….

폴은 이러한 일에 잔과 리종 할머니를 일꾼처럼 부렸다. 작은 구멍 속에 묘목을 옮겨 심느라, 옷이며 손을 흙투성이로 만들며 몇 시간씩 화단에 무릎을 꿇고 있는 그들의 모습이 종종 눈에 띄었다.

어느덧 풀레는 열다섯 살이 되었다. 거실의 키 재는 눈금은 1미터 58

을 가리켰다. 하지만, 마음은 아직도 어린애였다. 두 여자와 시대에 뒤떨어진 노인 사이에 끼여서 지능의 발달은 늦고, 머리는 둔하기만 했다.

어느 날 밤, 남작은 중학교 이야기를 꺼냈다. 잔은 당장 흐느껴 울기 시작했고, 리종 이모는 놀라서 컴컴한 방 한구석에 가만히 앉아 있었다.

잔은 말했다.

"그렇게 많이 알 필요가 어디 있어요? 우리가 저 아이를 시골의 귀족으로 만들면 되잖아요? 귀족들 중에도 농사짓는 사람도 얼마든지 있어요. 우리가 옛날부터 살아온 이 집에서 폴이 행복하게 살면서 늙을 수 있다면 얼마나 좋겠어요? 그 이상 바랄 게 뭐가 있어요?"

그러나 남작은 머리를 흔들었다.

"이 아이가 스물다섯 살이 되어서 너보고, '나는 쓸모없는 인간이에요. 어머니의 잘못으로 아무것도 아는 것이 없어요. 모두 다 어머니의 그릇된 이기주의 때문이에요. 이제 나는 일할 능력도 없고, 훌륭한 인물이 될 수도 없어요. 나는 천하고, 비참한 삶을 살기 위해 태어난 것은 아니에요. 어머니의 맹목적인 애정이 나를 이렇게 만든 거예요.' 하고 말한다면 너는 무어라고 대답을 하겠니?"

잔은 여전히 울면서 폴에게 애원했다.

"풀레, 너는 이 엄마가 지나치게 너를 귀여워했다고 해서 엄마를 원망하거나 하지는 않겠지, 그렇지?"

그러자 풀레는 영문을 모르는 채 어리둥절해하며 약속을 했다.

"그러지 않을 테야, 엄마."

"너도 언제까지나 엄마 곁에서 있고 싶지, 응?"

"응, 엄마."

그러자 남작은 단호한 목소리로 말했다.

"잔, 너에게는 이 아이의 생활을 네 마음대로 할 권리가 없어. 네가 하는 일은 비겁하고 죄악에 가까운 일이다. 지금 네 자신의 행복을 위해 폴을 희생시키려는 거야.”

잔은 두 손으로 얼굴을 감싸고 흐느껴 울면서 더듬거렸다.

“하지만 저는 너무도……. 너무나도 불행했어요. 이제 겨우 아이하고 평온하게 지낼 만하니까 빼앗아가 버리는군요. 저는 이제 어떻게 해요……. 이제 홀로 남아서 외톨이로 지내야 하나요?”

남작은 일어나 잔의 곁으로 다가가 앉으며 딸을 껴안았다.

“그러면 나는 어떻겠니, 잔?”

잔은 아버지 목을 와락 껴안고 애정에 넘친 키스를 했다. 그리고는 아직도 목멘 소리로 말했다.

“그래요, 아버지 말씀이 옳을 거예요. 이제까지 너무 고통을 받아서 내가 정신이 나갔었나 봐요. 이 아이를 학교에 보내도록 하겠어요.”

그 자리에 있던 풀레까지 훌쩍거리기 시작했다. 그러자 이 세 사람은 풀레에게 키스하며 달래 주었다.

가을의 신학기가 되자 폴은 르아브르 중학교에 들어가게 되었다. 폴은 여름 내내 전보다 더 귀여움을 받았다.

잔은 폴과의 이별을 생각하며 자주 한숨을 지었다. 그리고는 마치 10년 동안의 여행을 계획하는 듯이 폴의 행장을 준비했다.

10월 어느 날 아침, 잔과 리종 이모, 그리고 남작은 어린아이와 함께 두 마리의 말이 끄는 마차에 흔들리며 학교로 향했다.

잔은 리종 이모의 도움을 받으며 조그마한 장롱 속에 옷가지를 챙겨 넣는 일에 한나절을 보냈다. 그리고 나서 그들은 배가 드나드는 것을 보려고 부둣가를 한 바퀴 돌았다.

저녁이 되자 식사를 하기 위해 식당으로 들어갔다. 그러나 서로들 눈물어린 눈길로 바라보기만 할 뿐 아무도 음식을 들지 않았다. 식사를 하고 나자 다시 학교 쪽으로 천천히 걸어갔다. 크고 작은 아이들이 가족들이나 하인에게 이끌려 사방에서 모여들었다. 우는 아이도 있었다.

잔과 풀레는 오랫동안 서로 껴안고 있었다. 리종 이모는 손수건으로 얼굴을 가린 채 뒤에 서 있었다. 남작은 잔을 재촉하여 마차에 태우고는 그 날로 레푀플로 돌아왔다.

다음 날 저녁때까지도 잔은 울며 지냈다. 이튿날 잔은 마차에 말을 매고 르아브르를 향해서 출발했다.

폴은 벌써 가족과 떨어져 지내는 데 익숙해진 듯했다. 그는 생전 처음으로 친구들을 가졌기 때문에 잔과 면회를 하는 동안에도 친구들과 놀고 싶은 마음에 몸을 들먹거렸다.

잔은 이틀에 한 번씩 폴을 만나러 갔다. 그리고 일요일에는 아들을 외출시키기 위해 갔다. 교장은 잔에게 자주 면회를 오지 말아 달라고 부탁했지만, 잔은 그러한 충고에는 조금도 신경쓰지 않았다.

그러자 교장은 잔이 지금과 같이 쉬는 시간에도 아이를 놀지 못하게 하고, 아이의 공부를 방해하기만 한다면, 학교에서는 어쩔 수 없이 폴을 집으로 돌려보낼 수밖에 없다고 경고했다. 그리고 이 문제를 남작에게도 통보했다.

마침내 잔은 마치 죄수처럼 레푀플에서 감시를 받게 되었다. 잔은 개 마사크르만을 데리고 몽상에 잠긴 채 며칠씩 근처를 방황하며 보냈다. 때때로 낭떠러지 위에 앉아 바다를 바라보면서 오후를 보내기도 했다. 또 어떤 때는 이포르의 옛 산책길을 다시 걸어 보기도 했다.

'아! 소녀적 꿈에 취해 이 곳을 뛰어다니던 시절은 얼마나 옛날이 되어 버렸는가. 얼마나 오래된 옛일인가?'

잔은 폴을 만날 때마다 10년씩이나 떨어져 있었던 것만 같았다. 폴은 하루가 다르게 어른이 되어 가고, 잔은 점점 늙어 갔다. 잔이 늙어 보여

서 남작은 그녀의 오빠 같았고, 리종 이모는 잔의 언니처럼 보였다.

풀레는 4학년에서는 낙제를 했다. 3학년은 그럭저럭 넘겼지만, 4학년에서는 다시 배워야 했다. 폴은 갈색머리의 키가 큰 청년이 되었다. 많은 턱수염이 났고, 구레나룻도 군데군데 났다. 이제는 일요일마다 자기가 레푀플로 다니러 왔다. 오래 전부터 승마 연습을 하고 있었기 때문에 손쉽게 말을 빌려 타고 두 시간이면 달려오는 것이었다.

아침부터 잔은 리종 이모, 그리고 남작과 함께 아들을 마중 나갔다. 남작은 점점 허리가 꼬부라져서 조그마한 늙은이가 되었다. 마치 넘어지지 않으려는 듯이 늘 뒷짐을 지고 다녔다.

그들은 길을 따라 천천히 걸으면서 때때로 개울가에 앉아, 아직 말을 탄 폴이 보이지 않나 하고 멀리 바라보는 것이었다. 그리고 폴의 모습이 보이면 세 사람은 제각기 손수건을 흔들었다.

폴이 질풍같이 말을 급히 몰고 오면, 잔과 리종 이모는 염려스러워 가슴을 죄었다. 그러나 남작은 신이 나서 힘없는 목소리로 열광하며 "브라보!" 하고 외치는 것이었다.

폴의 키는 잔보다 목 하나는 더 컸지만, 잔은 언제나 어린애처럼 다루며 물었다.

"발이 시리지 않니, 풀레?"

그리고 점심을 먹고 나서 폴이 담배를 피우며 돌층계 앞을 산책한다든가 하면 잔은 창문을 열고 이렇게 외쳤다.

"제발 모자를 좀 쓰고 나가렴. 감기라도 들면 어쩌려고 그러니."

밤이 되어 폴이 다시 말을 타고 돌아갈 때면, 잔은 불안해서 몸을 떨며 이렇게 잔소리를 해 댔다.

"너무 빨리 달리지 마라, 풀레. 조심하렴. 네게 무슨 일이 일어나면 절망할 이 가련한 엄마를 생각해 다오."

그러던 어느 토요일 아침, 잔은 폴로부터 한 통의 편지를 받았다. 다음 날 친구들이 마련한 야유회에 초대를 받았기 때문에 집에 갈 수 없다는 내용이었다.

　　잔은 어떤 불행한 일이라도 다가오는 듯이 하루 종일 불안에 싸여 지냈다. 목요일이 되자 더 이상 참지 못하고 르아브르를 향해 떠났다.

　　폴을 만나자 아들은 예전과 조금 달라진 듯싶었다. 활기를 띠고, 전보다 더 어른스러운 음성으로 이야기를 했다.

　　폴은 당연한 이야기를 하듯이 잔에게 이렇게 말했다.

　　"어머니가 이렇게 오셨으니 저는 다음 일요일에도 레푀플에 가지 않겠어요. 파티가 또 한 번 있거든요."

　　잔은 너무 놀라 숨이 막혀 말이 나오지 않았다. 그녀는 겨우 입을 열 수 있게 되자 말했다.

　　"아니, 풀레! 무슨 일이야? 무슨 일이 생긴 거니?"

　　폴은 웃으며 잔에게 키스를 하고 말했다.

　　"아무 일도 아니에요, 어머니. 그저 친구들하고 놀러 가는 거예요. 그럴 나이가 되었잖아요?"

　　잔은 대답할 말이 없었다. 마차를 타고 오면서 생각에 잠겼다. 그녀는 아들에게서 이전의 풀레의 모습을 다시 찾을 길이 없었다. 아들은 요 며칠 사이에 완전히 달라진 것 같았다. 지금에서야 그녀는 자식이 컸다는 것과 자식은 자기의 소유물이 아니라는 것을 깨닫게 되었다. 그리고 늙은이들은 염두에도 두지 않고 제 마음대로 살아가려고 한다는 것도.

　　'그 아이가 자신의 귀여운 아들 폴이었을까? 저 수염이 난 사내가 예전에 자기에게 정원의 채소를 옮겨 심게 하던 그 귀엽던 아이일까?'

　　그로부터 3개월 동안 폴은 이따금씩 가족을 찾아보러 올 뿐이었다. 레푀플에 있는 동안에도 빨리 돌아가고 싶어하는 표정이 역력했다.

잔은 조바심이 났다. 하지만, 남작은 언제나 잔을 위로해 주었다.

"그냥 놔 둬라. 그 애도 이제는 스무 살이 된 어엿한 청년이야."

그러던 어느 날 아침이었다. 머리가 덥수룩한 어떤 노인이 독일어의 억양이 섞인 프랑스 어로 잔을 만나고 싶다며 레푀플에 찾아왔다.

그는 정중하게 인사를 늘어놓고는 주머니 속에서 때묻은 지갑을 꺼내어 종잇조각을 보여 주며 잔에게 말했다.

"여기 부인께 보여 드릴 것이 있습니다."

잔은 읽고 또 읽다가 그 유대 인을 쳐다보았다. 그리고 다시 또 한 번 읽어 보고는 물었다.

"이게 무슨 말이죠?"

노인은 비위를 상하지 않으려는 듯이 아첨하는 말투로 설명했다.

"네, 저기 다른 게 아니라 아드님이 돈이 좀 필요하다고 하시더군요. 저는 마님께서 좋은 어머니시라는 것을 알고 있었기 때문에 필요하신 만큼 얼마 되지 않은 돈을 그분에게 빌려 드렸습니다."

잔은 몸을 떨었다.

"어째서……. 나한테 직접 달라고 하지 않고!"

유대 인은 길게 설명했다.

그것은 다음 날 오전까지 지불해야 할 도박빚이었는데, 폴이 아직 미성년이었기 때문에 아무도 그 돈을 빌려 주려고 하지 않았다. 따라서 이 유대 인이 베푼 친절이 없었다면 폴의 명예는 형편 없이 추락했으리라는 것이었다. 잔은 남작을 부르려고 했지만 심한 충격 때문에 일어날 수가 없었다. 잔은 고리 대금을 하는 이 유대 인에게 이렇게 말했다.

"미안하지만, 초인종을 좀 눌러 주시겠어요?"

노인은 무슨 수를 쓰려는 것이 아닌가 두려워서 망설였다.

"괜찮으시다면 다음에 또 오겠습니다."

잔은 고개를 저으며 아니라고 말했다. 노인은 초인종을 눌렀다. 두 사람은 마주 보며 남작을 기다렸다. 남작은 들어오면서 곧 사태를 짐작했다. 종잇조각에는 천5백 프랑이라고 적혀 있었다.

남작은 천 프랑을 지불하고는 그 노인에게 이렇게 말했다.

"이곳에는 두 번 다시 오지 마시오."

그는 고맙다는 인사를 하고 가 버렸다.

남작과 잔은 즉시 르아브르를 향해 출발했다. 그러나 학교에서는 폴이 한 달 전부터 학교에 나오지 않고 있다고 말했다. 교장이 잔의 서명이 있는 네 통의 편지를 보여 주었다. 그것은 자기의 아들이 병에 걸려 있다는 것과 그 후의 소식을 알린 편지들이었다. 물론 모두가 가짜였다.

두 사람은 망연자실하여 서로 얼굴을 쳐다보며 서 있었다. 교장은 그들을 경찰서장에게로 안내해서 폴을 찾을 수 있도록 도와 주었다.

이튿날 그들은 폴을 그 도시에 있는 폴의 여자 친구 집에서 찾아 내 레퓌플로 돌아왔다. 잔은 손수건으로 얼굴을 가린 채 울고 있었다. 폴은 태연한 얼굴로 창밖만을 내다봤다. 그들은 폴이 지난 3개월 동안 만 5천 프랑의 빚을 졌다는 사실을 알았지만 폴에게 따지거나 하지 않았다.

사랑으로 폴의 마음을 다시 잡아보려고 생각했기 때문이다. 맛있는 음식을 해 주기도 하고, 비위를 맞추기도 하면서 극진히 위해 주었다.

잔은 불안하기는 했지만 마음껏 뱃놀이를 하라고 폴에게 배를 한 척 빌려 주었다. 하지만 르아브르로 가 버릴까 두려워서 말은 주지 않았다.

폴은 할 일이 없어서 짜증을 내기도 하고, 때로는 난폭하기까지 했다. 남작은 폴이 학업을 중단한 것을 염려했다. 잔은 학업을 다시 시키게 되면, 또다시 헤어져야 한다는 생각이 들어 정신이 아찔해졌다. 그래서 앞으로 아들을 어떻게 하면 좋을까 하고 혼자 궁리해 보았다.

어느 날 폴이 돌아오지 않았다. 그는 뱃사공 두 사람과 함께 바다로 나갔다는 것이었다. 잔은 정신없이 이포르까지 뛰어갔다. 해변에서는 네댓 사람의 어부들이 폴의 배가 돌아오기를 기다리고 있었다.

이윽고 조그마한 불빛이 먼 바다에 나타났다. 그러나 폴은 배 안에 없었다. 그는 어부들에게 르아브르까지 자기를 태워 달라고 했던 것이다. 경찰이 폴을 찾으려고 했지만 끝내 찾지 못했다. 폴과 함께 지냈던 여자 친구도 소지품을 다 정리한 채 사라져 버렸다.

레푀플의 폴 방에서 여자 친구가 보낸 두 통의 편지가 나왔다. 이제 영국으로 여행을 떠나자는 내용이 담겨 있었다. 필요한 돈도 이미 마련되었다고도 덧붙였다.

레푀플 저택에 남은 세 사람은 암담한 생활 속에서 침울하게 지내고 있었다. 회색빛이었던 잔의 머리카락은 이제 백발이 되어 버렸다.

잔은 톨비악 신부로부터 한 통의 편지를 받았다.

　하느님의 손은 드디어 부인의 머리 위에 무겁게 내려졌습니다. 부인께서 아드님을 신께 바치길 거절하셨기 때문에, 아드님을 빼앗아 천박한 여인의 품에 던져 준 것입니다. 이러한 하느님의 가르침에 눈을 뜨지 않으시렵니까?

　주님의 사랑은 한이 없습니다. 다시 신께 간절히 기도하며 용서를 구한다면, 신은 구원을 약속하실 것입니다.

　나는 하느님의 비천한 종입니다. 부인께서 만약 교회의 문을 두드리신다면, 언제나 부인을 위해 교회의 문을 열어 드리겠습니다.

잔은 이 편지를 무릎 위에 놓고 오랫동안 앉아 있었다.

'신부가 이야기하는 것은 모두 옳은 말인지도 모른다. 하지만, 무한한 사랑을 가지고 계시다는 신도 인간처럼 복수심을 가질 수 있을까?

만약 신이 질투심을 가지고 있지 않다면, 아무도 신을 두려워하지 않을 것이다. 숭배를 하는 일은 더욱 없을 것이다. 신께서는 아마 우리에게 자기의 존재가 있음을 끊임없이 알리기 위해서 질투나 복수와 같은 인간들의 감정을 가지고 우리를 지배하는 것이리라.'

이러한 생각을 하는 잔의 마음은 너무도 산란했다.

어느 날 저녁 해가 저물자, 잔은 남몰래 신부에게 찾아갔다. 그리고 신부의 발밑에 무릎을 꿇고 사죄했다. 신부는 남작과 같은 사람이 살고 있는 집에 신의 은총을 모두 베풀 수는 없다고 했다. 그래서 반만 용서해 주기로 약속했다. 신부는 말했다.

"부인께서는 머지않아 신께서 베푸시는 관대한 사랑을 깨닫게 될 것입니다."

잔은 정말 이틀 후에 폴이 보낸 편지를 받았다. 그녀는 이것이야말로 신부가 약속했던 은총의 시초라고 생각했다.

　어머니, 너무 걱정하지 마십시오. 지금 저는 몸 건강히 런던에 있습니다. 그런데 몹시 돈에 쪼들리고 있습니다. 우리는 이제 동전 한 푼 가진 것이 없답니다. 그래서 아무것도 먹지 못하고 매일 굶고 있습니다. 저와 함께 있는, 제가 진정으로 사랑하는 여자는 저 때문에 자신이 가진 돈까지 모두 다 써 버렸습니다. 모두 5천 프랑입니다. 저의 명예를 생각해서라도 우선 이 돈을 갚아 주어야 되겠지요. 아버지께서 남기신 유산 중에서 만 5천 프랑 정도만 미리 보내 주세요. 그러면 저희가 처한 이 곤경으로부터 벗어날 수 있을 것입니다.

　그럼, 안녕히 계십시오. 사랑하는 어머니께 마음으로부터 키스를 보냅니다. 할아버지와 리종 할머님께도 안부 전해 주십시오.

곧 다시 만나 뵐 수 있기를 빌겠습니다.

어머님의 아들
자작 폴 드 라마르

"편지를 써서 보냈다! 아직 나를 잊지는 않았구나."

잔은 폴이 돈을 요구한 것은 생각해 보지도 않았다.

"오오, 가엾은 폴. 한 푼도 없다니 보내 주어야지. 돈 같은 게 무엇이
문제야. 이렇게 편지를 써 보냈는데!"

잔은 기쁨의 눈물을 흘리며 남작에게로 달려갔다. 리종 이모도 불렀
다. 세 사람은 편지를 한 글자 한 글자 다시 읽어 보고, 또 읽었다. 그
런데 편지 내용에 대한 의견이 분분했다. 깊은 절망 속에 있던 잔은 희
망의 기쁨 속에서 폴을 편들었다.

"다시 돌아올 거예요. 이렇게 편지까지 쓴 이상 꼭 돌아올 거예요."

그러나 남작은 냉정을 잃지 않았다.

"그렇지 않아. 그 여자 때문에 우리를 떠나 버린 거잖아. 그 녀석은
우리보다도 그 여자를 더 사랑하고 있다고."

이 말을 듣자 갑자기 무서운 고통이 잔의 가슴을 뒤흔들었다. 자기에
게서 폴을 빼앗아 간 그 여자에 대한 증오심이 끓어올랐다. 잔은 그 여
자와 자기 사이에 맹렬한 싸움이 시작된 것을 느꼈다.

1만 5천 프랑을 폴에게 보냈다. 그 후 5개월 동안 아무런 소식도 없
었다. 그러는 사이 쥘리앵의 유산의 세목을 따지기 위해 대리인이 왔다.
잔과 남작은 두말 없이 쥘리앵이 남긴 유산의 액수를 알려 주었다.

폴은 파리에서 대리인을 통해 12만 프랑의 유산을 받았다.

그는 6개월 동안에 네 통의 편지를 보내왔다. 간결한 문체로 근황만
을 알리는 내용들로, 끝은 언제나 세 사람에게 변함없는 애정을 지니고

있다는 문구로 맺어져 있었다.

'저는 일하고 있습니다.'

하고 분명히 이야기했다.

'부르스에 일자리를 구했습니다. 며칠 내에 가 뵙겠습니다.'

라고도 적혀 있었다.

레쾨플에 있는 세 사람은 폴을 구해 낼 수 있는 방법을 논의했다. 그러나 뾰족한 방법이 떠오르지 않았다.

"파리로 찾아가 볼까? 하지만 그것이 다 무슨 소용이 있단 말인가?"

남작은 이렇게 말했다.

"그 아이의 정열이 식기를 기다리는 수밖에는 별 도리가 없어. 그러고 나면 제가 알아서 혼자 돌아오겠지."

세 사람의 생활은 쓸쓸하기 이를 데 없었다. 잔과 리종은 남작 몰래 성당에 다녔다. 폴에게서는 오랫동안 소식이 없었다.

그러던 어느 날 아침, 세 사람은 절망적인 편지를 한 통 받게 되었다.

어머님, 저는 이제 파멸입니다. 만일 어머님께서 저를 도와주러 오시지 않는다면 저는 자살하는 수밖에 없습니다. 틀림없이 성공하리라고 믿었던 투기 사업이 실패를 했습니다. 그래서 8만 5천 프랑의 빚을 졌습니다. 만약에 지불하지 않으면 불명예일 뿐만 아니라 파산을 당하게 됩니다. 앞으로 저의 길은 완전히 막혀 버리고 맙니다. 거듭 말씀드립니다. 저는 이 치욕을 당하느니 차라리 죽어 버리겠습니다. 한 번도 말씀드리지는 않았지만 저의 수호신인 한 여자의 격려가 없었다면 저는 벌써 죽어 버렸을 것입니다.

사랑하는 어머님, 아마 이것이 마지막이 될지도 모릅니다. 그럼 안녕히 계십시오.

어머님의 아들

자작 폴 드 라마르

　그 편지와 함께 온 서류가 이 투기 사업의 실패에 대해서 설명해 주고 있었다. 남작은 땅을 저당잡혀서 마련한 돈을 폴에게 보냈다. 곧 레퓌플로 돌아가서 식구들에게 감사의 키스를 하겠다는 내용의 편지가 왔다. 그러나 폴은 오지 않았다. 1년이 지나갔다.

　잔과 남작은 파리에 가서 폴을 만나 마지막 노력을 기울여 보기로 했다. 그런데 막 파리로 출발하려던 차에 폴에게서 간단한 편지가 왔다. 편지에 담긴 내용을 통해 그가 런던에 있다는 것을 알게 되었다.

　〈폴 드 라마르 주식회사〉라는 이름으로 기선 회사를 세우려 한다는 내용이었다.

　　저에게는 행운이 보장되어 있습니다. 이것은 절대로 모험은 아닙니다. 이제부터라도 갖가지 유리한 점을 아시게 될 겁니다. 다음에 만나게 되면, 저는 사회적으로 상당한 지위를 차지하고 있을 겁니다. 오늘날 역경을 헤쳐나가는 데는 사업을 하는 길밖에는 없다고 생각합니다.

어머님의 아들

자작 폴 드 라마르

3개월 후에 기선 회사는 파산했다.

　남작은 또다시 르아브르로 가서 정보를 모았다. 폴 드 라마르 주식회사의 손해는 23만 5천 프랑에 달한다는 것을 확인했다. 그 밖에도 레퓌플의 저택과 두 개의 농장이 저당잡혀 있다는 사실도 알게 되었다.

어느 날 저녁, 남작은 대리인의 사무실에서 마지막 절차를 밟던 중에 갑자기 마룻바닥에 쓰러졌다. 잔이 도착했을 때, 이미 남작은 숨이 끊어져 있었다. 잔은 남작의 유해를 레푀플로 옮겨왔다. 너무 기진맥진해진 잔은 넋을 잃어버렸다. 잔과 리종 이모의 필사적인 애원에도 불구하고 톨비악 신부는 남작의 유해를 교회에 들여보내 주지 않았다. 아무런 종교적 의식도 없이 남작은 해가 떨어진 후에 매장됐다.

폴은 이 불행을 뒤늦게 알아서 장례식에 올 수가 없었다는 내용의 편지를 보내왔다.

제가 가장 사랑하는 어머님께서 저를 구해 주셨으니 저는 곧 프랑스로 돌아가겠습니다. 머지않아 어머님께 키스하겠습니다.

잔은 너무나 허탈한 심정으로 우울한 나날을 보내고 있었다.

그 겨울이 다 갈 무렵에 68세인 리종 이모는 기관지염이 악화되어서 폐렴에 걸리고 말았다.

"가엾은 잔, 신이 네게 자비를 내리도록 내가 부탁드리겠다."

리종 이모는 이렇게 중얼거리면서 조용히 숨을 거두었다.

잔은 묘지까지 따라가서 이모의 관 위에 흙이 덮이는 것을 보았다.

'나도 죽어서 이런 고생도 안하고, 아무 걱정도 하지 않게 됐으면.'

이런 생각을 하며 바닥에 주저앉으려고 할 때, 건강한 농사꾼 부인이 두 팔로 그녀를 안아 올려서는 그녀를 데리고 갔다. 잔은 저택에 돌아오자마자 깊은 잠에 빠져 밤중이 되어서야 눈을 떴다. 등잔불이 벽난로 위에서 깜박이고 있었다. 한 여자가 안락의자 위에서 자고 있었다.

'이 여자는 누구일까?'

잔은 전혀 알 수가 없었다. 깜빡이는 등잔불 빛에 얼굴을 자세히 보려고 침대 밖으로 몸을 내밀었다. 어디서 본 것 같은 얼굴이었다. 그러나 언제 어디서 보았는지 기억나지 않았다.

여자는 고개를 한쪽 어깨 위에 떨어뜨리고 무심히 잠들어 있었다. 나이는 마흔이나 마흔다섯쯤 되어 보였다. 햇볕에 그을어 억세고 튼튼해 보였다. 크고 두툼한 두 손은 의자 손잡이 양쪽에 늘어져 있었고, 머리털은 잿빛으로 변해 가고 있었다.

잔은 몽롱한 상태에서 계속 그 여자를 바라보았다. 확실히 이 여자의 얼굴을 본 기억이 났다. 옛날이었던가? 최근이었던가? 좀더 자세히 보려고 살며시 일어나 발끝으로 가까이 다가갔다. 묘지에서 자기를 데려다 침대에 뉘어 준 바로 그 여자였다. 그것도 어렴풋이 생각났다.

'그러나 언제 다른 곳에서 만난 적은 없었던가? 그런데 이 여자가 어떻게, 무슨 이유로 자기 방에 와 있는 것일까?'

마침 그 때, 그 여자는 눈을 뜨고 잔을 보더니 벌떡 일어났다. 두 사람은 서로 맞닿을 정도로 마주 대하고 있었다.

낯선 그 여자가 이렇게 소리쳤다.

"아니, 왜 서 계세요? 그러다 감기라도 드시면 어쩌시려고요. 자, 어서 다시 누우세요."

"누구시죠?"

잔은 물었다. 그러나 그 말에는 대답하지 않고 팔을 벌리고 잔을 다시 안아 올려 침대까지 갔다. 그리고는 가만히 침대 위에 누이고는 그 위로 몸을 구부렸다. 그녀는 울음을 터뜨리며 그녀의 뺨이며 머리며 눈이며 할 것 없이 미친 듯이 키스를 퍼붓더니 이렇게 중얼거렸다.

"오, 가엾은 마님! 자네트 마님, 저를 모르시겠어요?"

그러자 잔이 외쳤다.

"아, 로잘리!"

잔은 로잘리의 목을 두 팔로 힘껏 껴안으면서 키스했다. 두 사람은 껴안은 채로 흐느껴 울었다. 로잘리가 먼저 진정하며 말했다.

"자, 정신을 차리셔야 해요, 감기드시면 큰일이에요."

이불을 끌어당기고, 베개를 잔의 머리 밑에 대주었다. 잔은 마음속에 치밀어오르는 갖가지 옛 추억에 몸을 떨면서 계속 흐느껴 울고 있었다.

그러다가 가까스로 잔이 물었다.

"로잘리, 어떻게 돌아왔어?"

로잘리가 대답했다.

"이렇게 된 이상 어떻게 마님을 홀로 계시게 할 수 있겠어요?"

잔은 말을 이었다.

"네 얼굴 좀 자세히 볼 수 있게 촛불을 켜 줘."

촛불을 켜자, 두 사람은 한참 동안 한 마디 말도 없이 서로를 바라보고만 있었다. 잔은 늙은 하녀에게 손을 내밀면서 중얼거렸다.

"너도 많이 변했구나. 그렇지만 아직 나처럼 변하진 않았어."

그러자 로잘리도 자기가 떠날 때는 젊고 생기에 넘쳤던 잔을 떠올리며 말했다.

"정말이지 마님께서는 많이 변하셨습니다. 엄청나게 변하셨어요! 아씨를 못 뵌 지도 어언 24년이나 흘렀으니까요."

두 사람은 또다시 입을 다물었다. 마침내 잔이 이렇게 물었다.

"그래, 로잘리 너는 행복했었니?"

로잘리는 망설이면서 머뭇거렸다.

"네……. 마님보다는 확실히 행복했습니다. 그저 항상 가슴 아팠던 일은 저택에 있으면서 마님을 모시지 못했다는 것이……."

그녀는 생각이 거기에까지 미친 데 깜짝 놀라서 입을 다물었다. 그러나 잔이 부드럽게 말을 이었다.

"그렇다고 어쩌겠니? 세상일이 어디 마음먹은 대로 되나? 너도 지금은 남편을 잃었니?"

잔은 떨리는 목소리로 계속 물어 보았다.

"너는 그 후에 다른……. 다른 아이를 또 낳았니?"

"아뇨, 마님."

"그럼 그 애는……. 네 아들은 지금 어떻게 됐니? 그 애한테 불만은 없고?"

"네, 일도 잘하고 아주 좋은 아이입니다. 여섯 달 전에 장가를 들었어요. 그리고 지금은 제 대신 농장을 잘 돌보고 있답니다. 제가 이렇게 마님 곁에 와 있을 정도로요."

잔은 감동으로 떨며 중얼거렸다.

"그럼 계속 내 곁에 있어 주는 거지? 다시 떠나지 않을 거지?"

그러자 로잘리는 감격스러운 목소리로 말했다.

"그럼요, 마님. 마님 곁에 있기 위해서 이렇게 짐까지 챙겨 가지고 왔는걸요."

그리고 얼마 동안 두 사람은 말이 없었다. 잠시 후 잔은 다시 물었다.

"네 남편은 어떤 사람이었니?"

"네, 그는 좋은 사람이었어요. 건달은 아니었지요. 돈을 모을 줄도 알았고요. 그런데 폐병으로 죽었어요."

그러자 잔은 좀더 많은 것을 알고 싶어 침대에서 일어나 앉았다.

"자, 로잘리, 이야기 좀 해 봐. 네가 지내 온 세월에 대해서 이야기를 해 주렴. 그것이 내게 위안이 될 거야."

로잘리는 의자를 끌어당기고 앉아서 자기 자신과 자기의 가족에 대해 이야기하기 시작했다. 자기 집의 뜰을 그려 내기도 하고, 지나간 행복한 시절을 이야기하면서 웃기도 했다. 그리고는 이렇게 끝을 맺었다.

"저는 재산도 있고 해서, 이제는 아무런 걱정이 없답니다."

그러더니 로잘리는 낮은 목소리로 말을 이었다.

"모두 다 마님 덕분이죠. 그러니 제가 무슨 돈을 받겠어요? 한 푼도 안 받겠습니다. 그리고 혹시 제가 마님 마음에 안 드신다면 당장에라도 나가겠습니다."

잔은 물었다.

"아무 보수도 안 받고 나를 보살펴 주겠다는 말은 아닐 테지?"

"별말씀을 다 하시네요! 저도 마님만큼은 돈이 있답니다. 마님께서는 저당잡힌 것과 해마다 늘어나기만 하는 빚의 이자를 빼고 나면 재산이 얼마나 남는지 아십니까? 대충 계산해도 1년에 만 리브르도 못 들어올 겁니다. 마님에게 생기는 소득이 1년에 만 리브르도 안 된다고요. 그렇지만 제가 그것을 모두 청산해 드리겠습니다."

로잘리는 흥분해서 큰 소리로 이야기했다. 잔의 얼굴에 희미한 미소가 스치는 것을 보고 로잘리는 화를 내면서 외쳤다.

"웃으실 일이 아니에요, 마님. 돈 없이는 사람 구실을 못 한다고요."

잔은 로잘리의 손을 꼭 쥐고는 천천히 말했다.

"아! 나는 너무 운이 나빴어. 모든 일이 어긋나기만 했지. 불행이 기를 쓰고 내 삶에 달려들었던 거야."

로잘리는 고개를 흔들었다.

"그렇게 말씀하시는 게 아니에요. 이유는 단지 불행한 결혼을 하셨다는 것뿐입니다. 남편 운이 너무 없었던 거죠. 상대방을 모르고 시집을 갔다고 해서 다 그렇게 되는 건 아닌데……."

이렇게 두 사람은 나이 먹은 친구들끼리 하듯이 언제까지나 자기의 신세타령을 했다. 어느덧 아침 해가 떠올랐다.

레퓌플 저택과의 작별

로잘리는 일주일 만에 저택의 물건과 사람들을 완전히 지배하게 되었다. 잔은 모든 것을 내맡기고 로잘리의 말을 따랐다. 잔은 이제 많이 쇠약해져서 옛날 아델라이드 부인처럼 다리를 끌며 로잘리의 팔에 의지해서 외출을 하고는 했다.

로잘리는 잔에게 조용히 잔소리도 하고, 어린애를 다루듯이 부드러운 말씨로 기운을 북돋워 주었다.

그녀들은 언제나 지난 일을 이야기했다. 잔은 눈물어린 목소리로, 로잘리는 덤덤하게 조용한 목소리로 이야기했다.

로잘리는 몇 번이고 수입 문제를 꺼내며, 잔에게 숨기고 있는 서류를 보여 달라고 했다. 잔은 폴의 일이 알려질까 부끄러워 서류를 모두 숨기고 있었다.

로잘리는 일주일 동안 매일같이 페캉에 가서 자기가 잘 아는 변호사로부터 자세한 설명을 들었다.

어느 날 저녁, 로잘리는 잔을 침대에 누이고 난 뒤 단호하게 말했다.

"자, 이제 누우셨으니 같이 얘기 좀 합시다."

그러더니 현재의 상태를 설명했다. 빚을 청산 해도 한 해의 수입이 약 7,8천 프랑 남는 데 그칠 것이라는 말이었다. 잔은 대답했다.

"그래서 어떻게 하자는 말인가? 나는 앞으로 얼마 살지도 못할 거야. 죽을 때까지 그거면 충분해."

로잘리는 화를 냈다.

"그야 마님께는 충분할지 모르죠. 그렇지만 폴 도련님께는 한 푼도 안 남겨 주실 작정이십니까?"

잔은 몸서리를 쳤다.

"제발 폴 얘기는 꺼내지 말아 줘. 그 애 생각을 하면 가슴이 아파 견딜 수가 없어."

"그렇지만 폴 도련님 이야기를 하고 싶어요. 잔 마님, 폴 도련님은 지금 방탕한 생활에 빠져 있어요. 하지만 그런 생활이란 언젠가는 끝이 나게 마련이지요. 그 때가 되면, 폴 도련님도 장가를 들고, 어린애도 낳으실 거예요. 그런데 아이들을 키우려면 당연히 돈이 필요하잖아요? 그러니 잘 들으세요. 레푀플을 팔기로 하세요!"

잔은 침대에서 펄떡 일어나 앉았다.

"레푀플을 팔다니! 그게 무슨 소리냐! 안 돼, 절대로 안 돼."

그러나 로잘리는 눈썹 하나 까딱하지 않고 말했다.

"파셔야 됩니다, 마님. 어쩔 수 없는 일이에요."

로잘리는 레푀플을 팔아야만 하는 이유를 설명했다. 그리고 앞으로의 계획을 이야기했다. 일단 레푀플과 거기에 딸린 두 개의 농장을 팔아 버리고 생레오나르에 있는 네 곳의 농장만 남겨 둔다는 것이다.

그러면 여기에서 들어오는 수입이 연 8천3백 프랑 되고, 그 중 천3백 프랑은 집 수리나 유지비로 떼어 놓고, 나머지 7천 프랑 중에서 5천 프랑을 1년의 생활비로 하며, 2천 프랑은 비상금으로 저축한다는 것이었다. 로잘리는 덧붙였다.

"그 이외의 것은 다 끝났습니다. 살 사람도 이미 제가 구해 놓았어요. 마지막이에요. 그리고 폴 도련님께는 아무것도 드릴 수가 없습니다. 그렇지 않으면 동전 한 푼도 남기지 않고 다 써 버릴 테니까요."

잔은 조용히 울고만 있다가 중얼거렸다.

"그렇지만 폴이 먹을 것 하나 없이 지내게 되면 어떻게 하지?

"먹을 것이 필요하다면 집에 와서 먹으면 되지요. 언제나 잠자리와 잡수실 것은 준비되어 있습니다. 처음부터 동전 한 푼도 드리지 않았더라면 그런 짓은 하지 않았을 거예요."

"그렇지만 그 애에게는 빚이 있었어. 그것을 갚지 않으면 체면을 잃게 될 지경이었거든."

"이제까지 보낸 돈은 어쩔 수 없지요. 하지만 그것으로 충분합니다. 그러나 이제부터는 동전 한 푼 지불하지 마세요. 그러면 안녕히 주무십시오, 마님."

이야기를 마치고 로잘리는 나가 버렸다.

잔은 레푀플을 팔고 다른 곳으로 떠나가야 한다는 생각에 잠을 이루지 못했다. 다음 날 아침, 잔은 로잘리가 방 안에 들어오자 말했다.

"로잘리, 아무래도 나는 여기서 떠날 결심이 서지 않아."

로잘리는 화를 냈다.

"그렇지만 그렇게 하셔야 해요. 공증인이 곧 이 저택을 사겠다는 사람을 데리고 올 겁니다. 그렇게 하지 않으시면 4년 후엔 동전 한 푼 남지 않아요."

잔은 얼이 빠진 채 되풀이했다.

"나는 못 하겠어. 아무래도 못 하겠어."

한 시간 후에 우편 배달부가 1만 프랑을 요구하는 내용이 적힌 폴의 편지를 주고 갔다. 잔은 로잘리와 의논했다. 로잘리는 말했다.

"제가 뭐라고 그랬어요? 마님! 정말 기가 막혀요. 제가 오지 않았다면, 두 분 모두 빈털터리가 될 뻔했잖아요."

잔은 로잘리의 말에 따라 폴에게 다음과 같은 편지를 냈다.

　사랑하는 내 아들아!

　나도 이제 어쩔 수가 없구나. 너는 나를 파산시키고 말았단다. 레푀플도 팔아야만 하게 되었단다. 하지만 이것만은 잊지 마라. 너

때문에 너무나도 많은 고생을 하고 있지만, 이 늙은 어미의 곁으로 잠자리를 구하러 온다면, 언제든 너를 위한 자리를 준비해 두마.

잔으로부터

공증인이 제당업자였던 즈오프랭을 데리고 왔다. 잔은 직접 그들을 집 안 구석구석까지 안내했다. 한 달 후, 잔은 매매계약서에 서명했다. 그리고, 곧 바트빌 마을에 있는 조그마한 살림집 한 채를 샀다.

잔은 저녁 무렵까지 홀로 엄마의 가로수길을 산책했다. 가슴이 찢어지는 듯 쓰라렸다. 비탈길과 나무들, 플라타너스 밑의 벌레 먹은 벤치, 정든 뜰, 그리고 자신의 가슴속에 너무나도 선명하게 박혀져 있는 많은 낯익은 것들과 작별을 고했다.

로잘리가 그녀의 팔을 잡고 집 안으로 데리고 들어갔다. 스물다섯 살쯤 된 큰 농부가 문 앞에서 기다리고 있었다. 그는 이미 오래 전부터 알고 있었다는 듯이 다정스럽게 잔에게 인사를 했다.

"안녕하세요, 잔 마님? 어머니가 이삿짐 나르는 것을 거들라고 하셔서요. 어떤 것을 옮겨야 되는지 알려 주세요. 밭일을 하는 틈틈이 날라다 드리죠."

로잘리의 아들이었다. 쥘리앵의 자식이요, 폴의 형이기도 했다.

잔은 심장의 고동이 멈추는 것 같았다. 이 젊은이에게 키스해 주고 싶었다. 혹시 쥘리앵이나 자기 아들을 닮지는 않았을까 하는 마음에 그녀는 젊은이의 얼굴을 찬찬히 살펴보았다. 얼굴빛이 붉고, 튼튼한 체격이었다. 로잘리를 닮아 갈색 머리털과 푸른 눈을 가지고 있었다. 그러면서도 어딘지 모르게 쥘리앵을 닮은 것 같았다. 어디가 닮았는지 딱 꼬집어 말하기는 힘들었지만, 어딘가 닮기는 닮은 것 같았다.

젊은이는 다시 말을 이었다.

"지금 곧 일러 주셨으면 좋겠습니다만."

그러나 잔은 새로 이사할 집이 작아서 아직 무엇을 가져갈지 결정을 못 내렸으니, 주말에 다시 한 번 와 달라고 부탁했다. 잔의 머릿속은 곧 이사할 생각으로 가득 찼다. 갖가지 추억이 서린 가구들을 찾으면서 잔은 이 방 저 방을 돌아다녔다. 모두 어린 시절의 기쁨과 슬픔의 추억이 깃들여 있는, 이제는 너무 낡고 닳아서 겉은 곳곳이 구멍이 나고, 안은 찢어지고, 색은 바래 버린 것들이었다.

잔은 가구들을 하나하나 골라 냈다. 자기 방의 가구는 침대나 벽걸이, 탁상시계 등 전부 가져가려 했다. 잔은 얼마 후 떠나게 될 이 집의 구석구석을 돌아보다가 어느 날 다락으로 올라가 보았다. 가지각색의 물건들이 어수선하게 쌓여 있는 것을 보고는 깜짝 놀랐다. 그녀는 설레는 가슴을 안고, 하나하나 둘러보며 중얼거렸다.

"이것은 내가 결혼하기 며칠 전에 깨뜨린 중국 찻잔이구나. 아! 어머니의 등잔이 여기 있네. 아버지의 부러진 단장도 여기 있구나!"

잔이 보지 못하던 물건도 많았다. 지붕에 난 창으로 새어들어 오는 침침한 햇볕 밑에서 잔은 그러한 고물에 둘러싸인 채, 한참 동안 우두커니 서 있었다. 잔은 가지고 가려는 물건을 따로 챙겨 놓고는 로잘리를 불렀다. 로잘리는 화를 내며 '그따위 고물들'을 내려가기를 거절했다. 그러나 이번만은 잔의 고집을 꺾지 못했다.

어느 날 아침 쥘리앵의 아들 드니 르콕이 짐을 실으려고 마차를 끌고 왔다. 가구를 정돈해 놓기 위해서 로잘리도 따라갔다. 혼자 남게 된 잔은 절망에 사로잡혀 저택의 방들을 돌아다니기 시작했다.

함께 가지고 갈 수 없는 모든 것에 키스했다. 거실 벽걸이의 큰 백조, 오래된 촛대, 그밖에 눈에 띄는 모든 것에 키스했다. 그녀는 눈물을 글썽이며 이 방에서 저 방으로 돌아다니며 이별을 고했다.

　9월 말이었다. 무겁게 내려앉은 잿빛 하늘이 온 세상에 내리덮칠 것
같았다. 잔은 가슴을 에는 듯한 갖가지 추억을 떠올리며 오랫동안 바닷
가 절벽 위에 서 있었다. 저택으로 돌아오자 로잘리가 기다리고 있었다.
로잘리는 마을과 동떨어진 저택보다는 새 집이 훨씬 마음에 들고, 살기
에 편할 것이라고 말했다. 잔은 밤새도록 울었다.
　저택이 팔렸다는 사실을 듣자, 소작인들도 더 이상 잔에게 존경을 보
이지 않게 되었다. 그리고 아무런 이유도 없이 그녀를 '미친 여자'라고
수군거렸다.
　떠나기 전날 밤 잔은 우연히 마구간에 들어가 보았다. 그녀는 동물의
울음소리에 질겁을 했다. 그것은 몇 달 동안이나 거의 생각해 보지도
않고 있었던 마사크르였다. 마사크르도 이제는 눈이 멀고, 몸은 말을 듣
지 않는 늙은 개가 되어 버렸다. 뤼다빈이 언제나 잊지 않고 이 개에게

먹을 것을 갖다 주고는 했다. 잔은 집 안으로 데리고 들어갔다.

드디어 마지막 날이 밝았다. 잔은 옛날 쥘리앵의 방에서 잤다. 그녀의 방은 가구를 전부 옮겨 갔기 때문이다.

아침에 눈을 뜨니, 뜰에는 트렁크와 나머지 가구들을 실은 짐마차가 기다리고 있었다. 그 뒤에는 잔과 로잘리를 태우고 갈 이륜마차가 기다리고 있었다. 시몽 영감과 뤼다빈만은 새 주인이 올 때까지 남아 있다가 그 뒤에는 제각기 친척집으로 가게 되어 있었다. 잔은 그들에게 얼마만큼의 연금을 마련해 주었다. 그리고 그들은 저축해 놓은 돈도 있었다. 마리우스는 아내를 얻어 벌써 오래 전에 이 집을 떠나고 없었다.

8시쯤 되자 차디찬 보슬비가 내리기 시작했다. 마차 위에는 덮개를 씌웠다. 벌써 낙엽이 흩날리기 시작했다. 식탁 위의 커피 잔에서는 김이 무럭무럭 나고 있었다. 잔은 몇 모금 마시더니 일어나면서 말했다.

"자, 이제는 떠나야지!"

모자를 쓰고, 어깨에는 숄을 둘렀다. 로잘리가 고무 장화를 신겨 줄 때, 잔은 울먹이며 말했다.

"기억 나, 로잘리? 내가 학교를 졸업하고 이 곳으로 오던 날, 얼마나 비가 쏟아졌는지."

그러나 순간 잔은 두 손을 가슴에 대더니 그만 의식을 잃고 말았다. 한 시간 이상이나 죽은 듯이 꼼짝하지 않던 잔은, 다시 눈을 뜨더니 눈물을 흘리기 시작했다. 조금 진정이 됐을 때는 너무나도 기운이 빠져서 일어설 수도 없었다.

로잘리는 출발이 늦춰질까 두려워 아들을 찾으러 갔다. 그들은 잔을 안아다가 마차 속에 앉혔다. 그리고 다리를 싸 주고 큰 망토로 어깨를 덮어 주었다. 그런 다음 머리 위로 우산을 펴들고 로잘리가 외쳤다.

"빨리! 드니, 어서 떠나자."

말이 모퉁이를 돌자 한길에서 왔다갔다하고 있는 남자의 모습이 눈에 띄었다. 그들의 출발을 엿보고 있던 톨비악 신부였다. 그는 마차가 지나갈 수 있게 걸음을 멈추었다. 흙탕물이 튈까 봐 한 손으로 옷자락을 들어 올렸다. 잔은 신부와 눈이 마주치지 않도록 고개를 숙였다. 모든 사정을 잘 알고 있는 로잘리는 신부를 보자 분개했다.

"못된 놈, 못된 놈."

이렇게 중얼거리다가 자기 아들의 손을 잡더니 명령했다.

"채찍으로 한 대 멋지게 갈기려무나."

그런데 마침 신부 앞을 전속력으로 지나려는 순간, 마차 바퀴가 별안간 구덩이 속으로 빠졌다. 순간 흙탕물이 튀어 올라 신부의 발끝에서부터 머리끝까지 뒤집어씌웠다. 로잘리는 너무나 통쾌해서 뒤돌아보고는, 큰 손수건으로 흙탕물을 닦고 있는 신부에게 주먹질을 했다.

5분쯤 달렸을 때, 갑자기 잔이 외쳤다.

"마사크르를 잊고 왔어!"

마차를 세우고 드니가 개를 데리러 달려가는 동안 로잘리가 고삐를 잡고 있었다. 이윽고 젊은이가 두 팔에 털이 빠지고 못생긴 마사크르를 안고 돌아왔다. 마사크르는 잔과 로잘리의 치마폭 사이에 놓였다.

폴을 찾아서

두 시간 뒤에 마차는 조그마한 벽돌집 앞에 다다랐다. 뜰의 귀퉁이에는 덩굴이 뻗어 올라가 있었다. 그 뜰에는 조그마한 채소밭이 있고, 그 사이로 좁은 길이 뻗어 있었다. 양옆으로는 과일나무가 늘어서 있었다. 밭이 이웃집 농장과 경계를 이루고 있었다. 이 집에서 백 보쯤 떨어진 길가에 대장간이 있었다. 아주 가까운 집이라도 1킬로나 떨어져 있었다.

어느 쪽을 둘러보나 코 지방의 드넓은 평야가 펼쳐져 있었다.

잔은 도착하자마자 곧 쉬고 싶었지만, 로잘리는 허락하지 않았다. 그녀가 또다시 망상 같은 슬픔에 빠질까 두려웠기 때문이다.

고데르빌의 목수가 필요한 설비를 하려고 와 있었다. 마지막 짐마차가 오기 전에 이미 운반해 온 가구를 정돈하고 배치하기 시작했다.

해가 졌을 때, 집 안은 아무렇게나 쌓아올린 짐짝으로 엉망진창이었다. 잔은 지칠 대로 지쳐서 침대에 들어가자 곧 잠들어 버렸다.

다음 날부터 며칠 동안 잔은 일에 파묻혀서 생각에 잠길 겨를도 없었다. 폴이 돌아오리라는 생각에 새집을 아름답게 꾸미는 일에 기쁨까지 느꼈다. 옛 거실에 걸었던 벽걸이는 식당에 걸었다. 이층에 있는 두 방 중의 하나는 특히 그녀가 정성을 다해 꾸몄다. 그 방을 잔은 '폴레의 방'이라고 이름지었다. 또 하나의 방은 잔이 쓰기로 했다. 로잘리는 그 위의 다락방에서 지내게 되었다. 정성껏 손질을 마치자, 조그마한 이 벽돌집은 아담한 느낌을 주는 거처가 되었다.

어느 날 아침, 페캉의 공증인 서기가 레푀플에 남기고 온 가구들을 처분한 금액인 3천 6백 프랑을 가지고 왔다. 잔은 공증인이 돌아가자 곧 모자를 쓰고 폴에게 돈을 부쳐 주기 위해 한길로 나갔다. 그러나 도중에 그녀는 장보러 갔다 오는 로잘리와 마주쳤다. 까닭을 알게 된 로잘리는 광주리를 내려놓더니 크게 화를 내었다. 로잘리는 오른손으로는 잔을 잡고, 왼손에는 광주리를 들고 화를 내며 집으로 걸어갔다.

집으로 돌아오자 로잘리는 돈을 모두 내놓으라고 했다. 잔은 6백 프랑만을 남겨 놓고 내 주었다. 그러나 곧 수상하게 생각한 로잘리에게 발각되어 송두리째 내 주지 않으면 안 되었다. 그러나 로잘리도 그 6백 프랑만은 폴에게 부쳐 줄 것을 허락했다.

며칠 뒤 폴에게서 감사하다는 답장이 왔다.

사랑하는 어머님!

어머니 덕택에 큰 도움이 되었습니다. 마침 곤궁에 빠져 있던 참이었거든요.

잔은 아무래도 바트빌에 정이 들지 않았다.

잔은 한바퀴 산책을 하려고 자주 밖으로 나갔다. 베르뇌유 마을까지 갔다가 트루아 마르를 지나서 돌아왔다. 그러나 일단 집에 돌아오면 다시 한 번 나가고 싶어서 또 일어나는 것이었다. 돌아보고 싶은 곳이 어디인지 알지 못한 채, 매일같이 이런 일을 되풀이했다.

그러던 어느 날 저녁 무심히 입에 담은 한마디가 그녀의 불안한 비밀을 들춰 내 주었다.

그녀는 저녁식사를 하려고 앉으면서 중얼거렸다.

"아아! 바다가 보고 싶다."

그녀가 무엇인가를 찾아 헤매고 다녔던 것은 바다가 보고 싶어서였다. 레푀플의 중요한 이웃이었던 바닷바람과 광란하는 파도 소리, 밤이나 낮이나 함께 숨쉬고, 사랑을 느꼈던 바다가 그리웠던 것이다.

마사크르는 몹시 괴로운 나날을 보내고 있었다. 도착한 그날 밤부터 부엌 창문 밑에 자리를 잡은 후 꼼짝도 않고, 이 낯선 집이 어디에 위치해 있는지 알아보겠다는 듯이 쉴 새 없이 끙끙거렸다.

마사크르의 몸부림치는 소리 때문에 잔은 푹 쉴 수가 없었다. 어느 날 아침 일어나 보니 마사크르는 죽어 있었다.

겨울이 차츰 다가오고 있었다. 잔은 암담하고 침울한 절망에 빠지는 것을 느꼈다. 무엇 하나 마음을 풀어 주는 것이 없었다. 아무도 그녀를 거들떠보는 사람이라고는 없었다.

문 앞의 한길은 언제나 인적이 없이 고요하게 멀리 뻗어 있었다. 이따금 이륜마차가 빠른 속도로 달려갔다. 얼굴빛이 붉은 남자가 고삐를 잡고 있었는데, 그의 겉저고리는 달리는 바람에 부풀어서 풍선같이 보였다.

때로는 짐마차가 천천히 지나가기도 했다. 멀리서 두 사람의 농부가 걸어가는 모습이 보일 때도 있었다.

풀이 나기 시작하자 짧은 스커트를 입은 소녀가 매일 빼빼 마른 젖소 두 마리를 끌고 울타리 앞을 지나갔다. 저녁때가 되면 역시 아침처럼 천천히 한 발짝씩 걸음을 옮기며 젖소의 뒤를 따르는 것이었다.

잔은 밤마다 레페플에 살고 있는 꿈을 꾸었다. 옛날처럼 아버지 어머니와 함께 있었다. 때로는 리종 이모와 같이 있을 때도 있었다. 이미 끝나 버린 일들을 되풀이하여 꿈을 꾸기도 했다.

잔은 가로수길을 걸어가는 아델라이드 부인을 부축하고 있는 듯한 착각에 빠지곤 했다. 그리고 눈을 뜰 때면 언제나 눈물이 솟아올랐다.

잔은 줄곧 폴을 생각하고 있었다.

'그 아이는 무엇을 하고 있을까? 지금은 어떻게 지내고 있을까? 나를 생각할 때도 있을까?'

농장 사이의 낮은 길을 천천히 걸어가면서 그녀는 이러한 생각들을 자기에게 물어 보고는 했다. 그러나 무엇보다도 잔을 괴롭게 하는 것은 폴을 빼앗아가 버린, 얼굴도 모르는 여자에 대한 질투심이었다.

언제나 순결하게 살아가는 자신에 대한 높은 자만심을 가지고 있는 잔은 육체적인 사랑은 더러운 것이라고 여겼다.

또다시 봄과 여름이 지나갔다. 지루한 비와 잿빛 하늘과 침침한 구름과 더불어 가을이 돌아왔을 때 잔은 큰 결심을 했다. 풀레를 다시 자기 것으로 만들기 위해 온갖 노력을 기울여 보기로 한 것이다. 지금쯤은 폴의 정열도 식었을 것이라고 생각했다.

잔은 눈물어린 편지를 폴에게 보냈다.

사랑하는 내 아들아!

나는 네가 내 곁으로 돌아와 주기를 간곡히 부탁하겠다. 이 어미가 늙고 병들어 일년 내내 로잘리와 단둘이서만 살아가고 있다는 것을 좀 생각해 보렴.

나는 지금 한길가의 조그마한 집에서 살고 있단다. 매우 서글픈 나날을 보내고 있지. 그렇지만 네가 내 곁으로 오기만 한다면 모든 것이 달라질 것 같구나. 이 세상에 가진 것이라곤 너밖에 없는데 7년간을 너 없이 살아왔으니! 너 없이 이 어미가 얼마나 불행했는지, 얼마나 내 마음을 네게 의지해 왔는지 너는 상상도 못할 것이다. 너는 나의 생명이요, 꿈이요, 희망이요, 유일한 사랑이었단다. 그런데 너는 나를 배반했고 나를 버렸다. 돌아와 다오. 나의 귀여운 폴레, 돌아와서 네 어미에게 키스해 다오. 네게 절망으로 팔을 뻗치고 있는 이 늙은 어미에게 돌아와 다오.

잔

폴은 며칠 뒤에 답장을 보내왔다.

사랑하는 어머니!

찾아가서 뵐 수만 있다면 얼마나 좋겠습니까? 그러나 저는 지금 동전 한 푼도 없습니다. 다소 얼마라도 부쳐 주신다면 곧바로 가겠습니다. 그렇지 않아도 어머니가 원하시는 대로 할 계획을 말씀드리러 갈 참이었습니다.

제가 겪고 있는 궁핍한 생활에도 저의 반려자인 그녀가 제게 쏟는 애정은 여전히 무한합니다. 이처럼 충실한 애정과 헌신을 인정하지 않고 모른 척할 수는 없습니다. 그리고 어머니께서 보시면 아시겠지만 예의 범절도 바릅니다. 교양도 있고, 독서도 많이 하고 있습니다. 어쨌든 이 여자가 저에게 어떻게 대했느냐는 것은 어머님께서는 생각도 못 하실 겁니다. 제가 그 여자에게 감사의 뜻을 표하지 않는다면 저는 짐승이나 다름없습니다. 그래서 저는 어머니께서 저희의 결혼을 허락해 주시기를 부탁드립니다. 제가 집을 도망쳐 나온 것을 용서해 주시고, 어머니의 새 집에서 우리 셋이 같이 살 수 있도록 해 주십시오. 어머니께서도 그 여자를 보시면 당장 승낙해 주실 겁니다. 그 여자가 나무랄 데 없이 훌륭한 사람이라는 것은 제가 보증합니다. 어머니께서도 그녀를 사랑하게 되시리라고 저는 확신하고 있습니다. 저로 말씀드리면 그 여자 없이는 살아갈 수 없습니다. 어머니의 회답을 초조하게 기다리겠습니다.

어머니의 아들
자작 폴 드 라마르

잔은 크게 실망했다. 그녀는 무릎 위에 편지를 놓은 채 꼼짝 않고 앉아 있었다. 끈질기게 아들을 붙들어 놓고 한 번도 놓아 주지 않는 여자. 잔은 절망한 노모가 아들을 껴안고 싶은 마음으로 모든 것을 승낙할 것이라고 생각하고 있는, 그 여자의 간사함을 꿰뚫어 보았다. 그리고 그 여자에 대한 폴의 끊임없는 애정을 생각하면, 심한 고통으로 가슴이 쓰렸다. 잔은 마음속으로 되뇌었다.

'나를 사랑하지 않는 게 분명해. 나를 사랑하지 않아.'

로잘리가 들어왔다. 잔은 더듬거렸다.

"폴이 그 여자와 결혼을 하겠단다."

로잘리는 펄쩍 뛰었다.

"원, 말도 안 되는 소리! 마님께서 절대로 허락하시면 안 돼요. 폴 도런님이 그런 천한 여자와 결혼을 하다니 될 말입니까!"

잔도 이제는 악이 나서 대답했다.

"허락을 하다니, 절대로 안 할 테다. 어디, 그 애가 오지 않는다면 내가 직접 가서 그 여자와 누가 이기나 결판을 내고 말지."

잔은 곧 폴에게 편지를 썼다. 자기가 찾아가겠다는 것과, 그 천한 여자가 없는 다른 장소에서 만나자는 내용을 적었다. 그녀는 답장이 오기를 기다리며 떠날 채비를 차렸다. 로잘리는 잔의 옷 등을 트렁크 속에 챙겨 넣다가 낡은 외출복을 보고 걱정스러운 듯이 말했다.

"입고 갈 만한 옷이 한 벌도 없군요. 이래서야 어디 갈 수 있겠어요? 파리의 귀부인들이 보면 하녀라고 그러겠어요."

잔은 로잘리의 말을 따라 새 옷을 마련하기로 했다. 두 여자는 고데르빌로 가서 바둑판 무늬의 천을 골라 바느질집에 맡겼다.

그리고는 공증인 루셀에게서 여러 가지 것을 물어 보기 위해 찾아갔다. 잔은 지난 28년간이나 파리에 가 보지 못했던 것이다.

루셀은 마차를 피하는 방법이라든가 도둑을 맞지 않는 방법 등을 가르쳐 주었다. 그리고 돈은 옷 속에 꿰매 넣고, 필요한 돈만 주머니 속에 넣어 두라고 충고했다. 또한 부인 손님들이 잘 찾는 레스토랑 두서너 집과 자기가 단골로 묵는 드 노르망디라는 호텔도 일러 주었다.

6년 전부터 파리와 르아브르 사이에는 증기 기관차가 운행되고 있었다. 그러나 잔은 이 증기 기관차를 본 적도 없었다.

폴에게서는 답장이 없었다. 1주일이 지나고, 다시 2주일을 기다렸다. 그녀는 매일 아침 한길로 나가서는 우체부를 기다렸다. 그리고는 가슴을 두근거리며 묻는 것이었다.

"말랑댕 영감, 내게 오는 편지는 없나요?"

그러면 그는 비바람에 시달린 쉰 목소리로 대답하는 것이었다.

"이번에도 없습니다, 마님."

'분명히 그 여자가 폴이 편지하는 것을 못하게 막고 있는 게야!'

잔은 이렇게 생각하고 곧 떠나기로 결심했다.

잔은 로잘리가 함께 가 주기를 바랐지만, 로잘리는 경비가 너무 많이 든다는 이유로 같이 가기를 거절했다. 로잘리는 잔이 3백 프랑 정도만 가져가도록 했다.

"더 필요하시면 편지 주세요. 그럼 공증인을 통해서 돈을 부쳐 드릴게요. 많이 가져가 봤자 폴 도련님에게 모두 빼앗기기만 할 거예요."

12월의 어느 날 아침, 두 사람은 드니 르콕의 이륜마차를 타고 정거장으로 향했다. 기차표를 끊고 기차가 들어오기를 기다렸다.

이윽고 멀리서 기적 소리가 울려왔다. 잔은 눈물을 흘리며 로잘리에게 키스를 하고는 기차에 올랐다. 로잘리도 울먹이며 소리쳤다.

"안녕히 다녀오세요, 마님!"

"잘 있어, 로잘리!"

기적이 다시 울렸다. 기차의 바퀴가 움직이기 시작했다. 처음에는 천천히 움직이다가 점점 빨라지면서 마지막에는 무서운 속력으로 달려갔다. 잔은 들판과 나무, 마을 등이 지나가는 것을 바라보았다. 잔은 이 엄청난 속력에 어리둥절해하면서, 이제는 평온한 소녀 시절이나 단조로운 생활과는 다른 새로운 생활 속으로 끌려 들어가는 것을 느꼈다.

열차는 저녁 무렵이 되어서야 파리에 도착했다. 한 짐꾼이 잔의 짐을 들었다. 잔은 겁에 질려서 뛰다시피 그 남자의 뒤를 따라갔다. 떠들썩하게 움직이는 인파 속에서 그 남자를 놓쳐 버릴까 걱정스러웠다.

호텔 로비에 들어서자 그녀는 급히 말했다.

"루셀 씨 소개로 왔습니다."

뚱뚱한 여자 주인이 접수 창구에 앉은 채 물었다.

"루셸 씨가 누구인가요?"

잔은 당황하며 설명했다.

"해마다 여기에 투숙하시는 고데르빌의 공증인인데요."

뚱뚱한 여자는 시큰둥하게 말했다.

"그럴지도 모르죠. 그렇지만 나는 그 사람을 모르겠어요. 하여튼 방이 필요하신 거죠?"

"네, 부인."

그러자 보이가 짐을 들고 앞장서서 이층으로 올라갔다.

잔은 가슴이 죄어드는 것 같았다. 식탁 앞에 앉아서 수프와 닭고기를 갖다 달라고 부탁했다. 새벽부터 아무것도 먹지 않았던 것이다.

촛불 밑에서 저녁을 먹으면서 잔은 온갖 생각에 잠겼다. 신혼 여행에서 돌아오는 길에 이 도시를 지나던 일, 그 무렵부터 쥘리앵의 본성이 드러난 사실 등을 회상했다.

그러나 그 무렵에는 젊었었고, 남을 의심할 줄도 몰랐었다. 지금은 어떤가? 늙어 어리둥절하고, 힘도 없다. 게다가 대수롭지 않은 일에도 금방 마음이 산란해지는 것을 느끼곤 했다.

식사가 끝나자 창가로 가서 사람들로 붐비는 거리를 내다보았다. 외출을 하고 싶었지만, 그럴 용기가 나지 않았다. 아무래도 길을 잃을 것만 같았다.

잔은 침대로 들어가 불을 껐다. 그러나 낯선 도시의 소음과 여행의 피로 때문에 쉽게 잠이 들지 않았다.

몇 시간이 지나갔다. 작은 말소리가 호텔의 벽을 타고 들려온다. 때때로 마루가 울리기도 하고, 문이 열렸다 닫히기도 했다. 초인종이 울리는 소리가 들려왔다. 잔은 날이 밝아오자마자 곧 옷을 갈아입었다.

폴은 시테의 소바즈 거리에 살고 있었다. 잔은 돈을 낭비하지 말라는 로잘리의 말대로 거기까지 걸어가기로 했다.

하늘은 맑게 개어 있었지만, 찬바람이 살을 에는 듯했다. 사람들은 빠른 발걸음으로 보도 위를 걷고 있었다. 오른쪽으로 꼬부라져 광장으로 나오게 되면 다시 길을 물어 볼 참이었는데, 광장이 보이지 않았다.

빵집에 들어가 물어 봤더니 전혀 다른 길을 일러 주었다. 잔은 걸어가다가 길을 잃고 한참을 헤맸다.

그녀는 정신없이 무작정 걸었다. 막 마부를 부르려고 할 때, 센 강이 눈에 띄었다. 그녀는 강변을 따라 걸었다. 약 한 시간 뒤에 소바즈 거리에 들어서게 되었다. 어두침침한 숲길 같은 동네였다. 문 앞에서 발걸음을 멈추자, 흥분해서 더 이상 한 걸음도 옮겨 놓을 수가 없었다.

'폴레가 여기 있다. 이 집 안에 폴레가 있어.'

무릎과 손이 떨렸다. 이윽고 그녀는 통로를 지나서 문지기를 발견했다. 은화 한 닢을 내밀며 물어 보았다.

"미안하지만 폴 드 라마르 씨에게 그의 어머니 친구 되는 한 노인이 기다리고 있다고 좀 전해 주세요."

문지기는 대답했다.

"그 사람은 지금 여기에 살고 있지 않습니다, 부인."

잔은 심한 전율로 몸을 떨었다.

그녀는 더듬거리며 말했다.

"아! 그럼 지금은 어디 살고 있나요?"

"모르겠습니다."

잔은 눈앞이 아찔해서 금방 쓰러질 것만 같았다. 얼마 동안 멍하니 서 있다가, 곧 정신을 가다듬고 그에게 물었다.

"이 집에서 언제 나갔나요?"

문지기는 자세히 일러 주었다.

"벌써 두 주일이나 지났군요. 어느 날 밤에 나가더니 그 후 돌아오지 않고 있습니다. 그 사람들은 여러 곳에 빚을 져서 주소도 남겨 놓지 않았어요."

잔은 눈에서 불이 났다. 눈앞에서 누군가가 그녀의 눈에다 대고 총을 쏜 것 같았다. 그러나 오로지 하나의 집념이 그녀를 쓰러지지 않게 지탱해 주고, 냉정을 잃지 않게 해 주었다. 폴레가 있는 곳이 어딘지 알고 싶었다. 다시 한 번 폴레가 있는 곳을 찾아가고 싶었다.

"그럼, 가면서 아무 말도 안했습니까?"

"네, 한마디도 안했습니다. 돈을 못 갚아서 도망친 거예요. 그러니 무슨 할말이 있겠어요?"

"그렇지만 사람을 보내서 편지라도 찾아갈 게 아니에요?"

"편지도 별로 오지 않는걸요. 1년에 열 통이나 올까요. 그래도 떠나기 이틀 전에는 한 통 갖다 줬죠."

그것은 틀림없이 잔이 보낸 편지였을 것이다. 그녀는 조급히 말했다.

"이봐요, 문지기. 사실 나는 그 애의 어머니예요. 그 애를 찾으려고 여기까지 온 것이랍니다. 여기 10프랑이 있습니다. 혹시 그 애의 소식을 들으면 제가 묵고 있는 호텔, 드 노르망디로 연락해 주세요. 사례는 충분히 하겠어요."

"잘 알겠습니다, 부인."

하고 문지기는 대답했다.

잔은 그 곳을 나왔다. 어디로 갈 것인지는 생각지도 않고 무작정 다시 걷기 시작했다. 급한 일이라도 있는 듯이 서둘러 걸었다. 사람에게 부딪히기도 하고, 마차가 오는 것도 모르고 길을 건너다가 마부로부터 호통을 받기도 했다. 정신을 차리지 않았기 때문에 보도의 경계석에 부딪혀 비틀거리기도 했다. 정신없이 앞으로 빠르게 걷기만 했다.

얼마 동안 걷다가 주위를 돌아보니 공원이었다. 잔은 피곤해서 벤치에 걸터앉아 눈물을 흘렸다. 지나가는 사람들이 발걸음을 멈추고 그녀를 바라보고는 했다. 몹시 추워져서 잔은 다시 걸으려고 일어섰다. 음식점으로 들어가서 수프라도 먹고 싶었지만, 들어갈 용기가 나지 않았다.

잔은 어떤 빵집에서 초승달 모양의 조그마한 빵을 사서 걸으며 먹었다. 몹시 목이 말랐지만 어디서 목을 축여야 좋을지 알 수가 없었다.

아치형의 지붕 밑으로 들어가니 울타리로 둘러싸인 공원이 있었다. 그제야 잔은 그것이 팔레 루아얄이라는 것을 알았다.

다시 한두 시간 앉아 쉬었다. 한 떼의 사람들이 들어왔다. 서로 이야기를 나누며 웃고 있었다. 여자는 아름답고, 남자는 부유해 보이는 상류 사회 사람들이었다.

잔은 이 화려한 무리로부터 빠져 나가려고 일어섰다. 그러나 문득 이곳에서 폴을 만날 수도 있으리라는 생각이 들었다. 그래서 종종걸음으로 공원 이 끝에서 저 끝으로 쉴새없이 왔다갔다하며 사람들의 얼굴을 살펴보면서 배회했다.

돌아서서 잔의 얼굴을 쳐다보는 사람이 있는가 하면, 웃으며 손가락질을 하는 사람도 있었다. 잔은 그 곳을 도망치듯이 빠져 나왔다. 자기의 태도와, 자신이 입고 있는 푸른 바둑판 무늬의 옷을 보고 남들이 웃는 모양이라고 생각했다.

잔은 다시 길을 물어 드 노르망디 호텔로 찾아갔다. 해가 질 때까지 나머지 시간을 침대 발치에 있는 의자에서 꼼짝하지 않고 보냈다. 저녁에는 약간의 수프와 고기를 먹었다. 그리고는 침대에 누웠다.

다음 날이 되자 폴을 찾기 위해 경찰서로 갔다. 그들은 찾는다고 장담할 수는 없지만, 힘써 보겠다고 했다. 잔은 혹시 폴을 만날 수 있을까 하는 희망으로 정처없이 거리를 돌아다녔다.

저녁때 호텔로 돌아와 보니, 한 남자가 찾아왔다가 다음 날 다시 오겠다는 말을 남기고서 갔다는 것이었다. 폴이 그리워서 그날 밤은 뜬눈으로 새웠다.

'혹시 낮에 왔었다는 사람이 폴은 아닐까? 호텔 사람의 이야기하고 약간 맞지 않는 점도 있지만, 그 애가 틀림없을 거야.'

아침 9시쯤에 누군가가 문을 두드렸다.

"들어와요."

잔은 이렇게 소리치며 방문 앞으로 뛰어갔다.

그러나 들어선 사람은 낯선 남자였다. 그 사나이는 폴이 진 빚을 받으러 왔다고 했다. 잔은 그 남자에게 감추려고 해도 자꾸만 솟아나오는 눈물이 괼 때마다 손가락으로 눈물을 훔쳤다.

그 남자는 소바즈 거리의 문지기로부터 잔이 왔다는 말을 듣고 여기까지 찾아왔다는 것이다. 사나이가 꺼내 보여 준 차용 증서에는 90프랑이라는 숫자가 적혀 있었다. 잔은 돈을 지불했다.

그날은 외출하지 않았다. 이튿날은 다른 빚쟁이들이 몰려들었다. 그녀는 20프랑만 남기고 있는 돈을 다 내 주었다. 그리고 로잘리에게 지금 자신이 처한 상황을 알리는 편지를 썼다.

잔은 답장을 기다리는 동안 뭘 해야 좋을지 몰라, 이리저리 방황하면서 하루하루를 보냈다. 잔은 집으로 돌아가고 싶은 생각이 간절했다.

그러던 어느 날 저녁, 로잘리로부터 한 통의 편지와 함께 2백 프랑의 돈이 왔다.

　　잔 마님, 곧 돌아오세요. 이제는 더 돈을 부쳐 드릴 수 없습니다. 폴 도련님으로부터 소식이 있는 대로 제가 모시러 가겠습니다. 그럼 안녕히 계십시오.

로잘리

잔은 눈이 퍼붓는 추운 어느 날 아침, 고데르빌을 향해 출발했다.

폴의 딸

바트빌로 돌아온 이후부터 잔은 전혀 외출을 하지 않았다. 매일 아침 같은 시각에 일어나 창밖으로 바깥 날씨를 살피고, 아래층으로 내려가 난롯가에 앉아 있는 것이 고작이었다.

하루 종일 손끝 하나 까딱하지 않고 두 눈을 난롯불에 고정시킨 채 상념에 잠기는 것이었다. 그 작은 방에 차츰 어둠이 스며들어도, 난로에 장작을 넣는 것 이외에는 몸을 움직이지 않았다. 그러면 로잘리가 등불을 가지고 와서 외치는 것이었다.

"자, 마님. 이제 좀 움직이세요. 그렇지 않으면 오늘 저녁때도 좀처럼 입맛이 나지 않을 거예요."

잔은 아주 사소한 일에도 신경이 쓰여서, 하찮은 일에도 시달림을 받을 때가 많았다. 물건의 위치가 조금만 바뀌어져도 화를 냈다.

그녀는 어린 시절이라든가 코르시카 섬으로 신혼 여행을 떠났던 과거의 추억 속에서 살아가고 있었다. 이미 오래 전에 잊혀졌던 그 섬의 풍경이 문득 그녀 앞의 난롯불 속에서 솟아날 때도 있었다.

갖가지 사물과 사건, 그리고 거기서 만났던 사람들의 얼굴을 하나씩 떠올리기도 했다. 안내인이었던 장 라볼리의 얼굴이 눈에 선하여 사라지지 않았다. 어느 때는 음성까지도 들려오는 듯했다. 어느 때는 폴이 어렸을 때의 즐거웠던 때를 회상했다. 폴이 자기에게 샐러드 채소를 옮겨 심게 했던 일, 리종 이모와 나란히 비료를 준 땅에 무릎을 꿇고 정성껏 가꾸던 시절. 그리고는 마치 말을 걸듯 낮은 목소리로 소곤거렸다.

"풀레, 내 귀여운 풀레."

때때로 로잘리가 억지로 걷게 하려고 한길로 데리고 나가기도 했다. 그러나 20분도 채 못 되어 잔은 개울가에 주저앉아 버렸다.

"로잘리, 나는 더 이상 못 걷겠어."

얼마 후부터 잔은 손끝 하나 까딱하기가 귀찮아져서 늦게까지 침대에 누워 있었다. 어릴 적부터의 잔은 밀크커피를 마시고 나면 곧 자리를 박차고 일어나는 습관이 있었다. 그러나 요즘은 커피를 마시고 난 후에도 계속 누워 명상을 했다. 그러다가 하루하루 이 게으른 버릇이 짙어지자, 마침내 로잘리가 억지로 옷을 입힐 때까지 누워 있게 되었다.

잔은 이미 의지라는 것도 없는 듯했다. 로잘리가 의견을 물어 보아도 그저 이렇게 대답해 버리고 마는 것이었다.

"좋을 대로 하려무나."

잔은 숙명론자가 되어 버렸다. 그녀는 항상 이렇게 말하곤 했다.

"나는 정말 복이 없는 사람이야."

그러면 로잘리는 이렇게 소리쳤다.

"아니, 마님께서 자기 손으로 직접 먹을 것을 벌어야만 한다면 어떻게 하시겠어요? 매일 새벽 여섯 시에 일어나 품팔이를 가야만 하는 노동자라면요? 입에 풀칠을 하기 위해 그렇게 하는 사람은 얼마든지 있어요. 그렇게 일을 하고도 늙어서는 비참하게 죽어 버리죠."

그러면 잔은 이렇게 대답했다.

"그렇지만 단 하나밖에 없는 자식도 나를 버렸어. 난 외톨이야!"

로잘리는 벌컥 화를 냈다.

"겨우 그런 걸 가지고 뭘 그러세요? 그럼 군대에 나간 자식은 어떻게 하지요? 미국으로 이주해 간 자식은 어떻게 하겠어요?"

로잘리는 다시 말을 이었다.

"영원히 이별하지 않는 한 언젠가는 만날 때가 있을 거예요. 늙은이와 젊은이가 언제까지나 같이 살 수는 없는 일이잖아요?"

그리고 거친 말투로 이렇게 끝을 맺었다.

"그렇다면, 마님. 만약에 폴 도련님이 죽기라도 하면 어쩌시겠어요?"

로잘리의 이 말에 잔은 더 대꾸를 못하고 입을 다물었다.

봄이 되어 날씨가 풀리자, 어느 정도 기운을 차릴 수가 있었다. 하지만, 침울한 생각에 잠기는 버릇은 쉽게 없어지지 않았다.

어느 날 아침, 잔은 무엇인가 찾으려고 다락방으로 올라갔다가 우연히 옛날 달력이 가득 든 상자를 발견했다. 잔은 지나간 세월을 다시 찾은 듯한 기분이었다. 네모난 달력 앞에서 혼란스러운 마음으로 우두커니 서 있다가, 그것들을 식당으로 가지고 내려갔다.

크기가 서로 다른 가지각색의 달력들이었다. 그녀는 그것을 식탁 위에 연대순으로 늘어놓았다. 그러다가 레푀플로 가지고 갔던 제일 오래된 달력이 눈에 띄었다. 수녀원을 나온 다음 날 루앙을 떠나던 날 아침, 자기가 직접 메모를 한 달력을 한참 동안 물끄러미 바라보았다.

잔의 눈에서 눈물이 솟아 나왔다. 식탁 위에 펼쳐진, 비참했던 자신의 지나간 삶 앞에서 흘리는 애절한 눈물이었다. 그러자 잔은 매일매일 자기가 했던 일을 되찾아 보고 싶은 생각이 들었다. 그래서 누렇게 변색된 달력을 벽이라든가 벽걸이 위에 한장 한장 핀으로 꽂았다.

"이 달에는 나에게 무슨 일이 일어났었던가?"

하고 스스로에게 물으며 몇 시간을 보냈다.

잔은 마침내 레푀플에서의 첫 2년간의 생활을 거의 완전하게 떠올릴 수 있었다. 그러나 그 다음 해부터는 서로 섞이기도 하고 겹쳐져서 안개 속에 묻힌 것만 같았다. 때로는 마치 넋이 나간 사람처럼 머리를 달력에 대고 멍하니 앉아 있을 때도 있었다.

그러는 동안에 밭에서는 새싹이 돋아나고, 나무들은 녹색으로 변하고, 들의 사과나무는 장밋빛으로 피어나 향기를 퍼뜨렸다.

이 활기찬 계절에 잔은 격렬한 흥분에 사로잡혔다. 한 자리에 가만히 있지 못하고 하루에도 몇 번씩이나 집 안팎을 들락날락했다. 때로는 열병에 걸린 것처럼 멀리 농장을 따라 배회하기도 했다.

풀숲에 피어난 한 떨기 들국화 잎사귀 사이로 새어드는 햇빛이나 작은 웅덩이에 비치는 푸른 하늘을 보아도 마음이 설레었다. 그것은 그녀가 아직 미래를 꿈꾸던 소녀 시절에 맛본 달콤한 기분과 감격이었다.

잔은 종종 예전처럼 행복해져 또다시 몽상에 잠긴 채 희망을 품고, 무엇인가를 기대하기도 하는 것이었다.

운명이 아무리 잔혹하다 하기로서니 이렇게 맑은 날씨에 어찌 희망을 가져 보지 않을 수 있겠는가? 잔은 무작정 헤매고 다니기도 했다. 때로는 갑자기 걸음을 멈추고 길가에 앉아, 슬픈 여러 가지 일들을 곰곰이 생각해 보기도 했다.

'어째서 나는 다른 사람들처럼 사랑을 받아 보지 못했을까? 왜 평화롭고 행복한 순간을 가져 보지 못했던가?'

그러다가는 또다시 마치 열여섯 살의 소녀 시절처럼 달콤한 여러 가지 계획도 세워 보고 즐거운 미래를 꿈꾸어 보기도 했다. 그리고는 간신히 일어나 집을 향해 무거운 걸음을 옮기며 중얼거렸다.

"미친 늙은이지! 내가 미친 늙은이야!"

요즘에 와서 로잘리는 항상 이렇게 말했다.

"마님, 집에 좀 가만히 붙어 계세요. 무엇 때문에 그렇게 안절부절못하고 쏘다니시는 거예요?"

그러면 잔은 슬픈 어조로 대답하는 것이었다.

"너무 그러지 마. 요즘은 내가 꼭 죽기 전의 마사크르 같아졌어."

어느 날 아침, 로잘리가 여느 때보다 일찍 잔의 침실에 들어와 탁자 위에다 커피잔을 놓으면서 말했다.

"자, 빨리 마시고 일어나세요. 드니가 문밖에서 우리를 기다리고 있어요. 레푀플에 볼일이 있어서 같이 가셔야 될 일이 있어요."

잔은 '레푀플'이라는 말을 듣자 정신을 잃을 것만 같았다.

그리운 옛 집을 다시 볼 수 있다는 생각에 가슴이 벅차오르고 기절할 듯이 감격한 그녀는 떨리는 손으로 재빨리 옷을 갈아입었다.

맑은 하늘이 끝없이 펼쳐져 있었다. 말도 신이 나는지 때때로 마구 속력을 내어 달렸다. 마을로 들어서자 잔은 어찌나 가슴이 뛰는지 숨을 쉬기가 곤란할 지경이었다. 담의 벽돌 기둥을 보자, 그녀는 자기도 모르게 낮은 소리로 외쳤다.

"오오! 오오! 오오!"

쿠이야르의 집에다 말을 매어 놓고 로잘리와 드니는 일을 보러 나갔다. 소작인들은 저택을 한번 둘러보라고 잔에게 열쇠를 내 주었다.

잔은 혼자 걸었다. 그리고 바다로 향한 낡은 저택 앞에 서서 옛 집을 바라보았다. 아무것도 변한 것이 없었다. 커다란 잿빛 건물의 변색된 벽이 햇빛을 받으며 서 있었다. 덧문은 모두 닫혀져 있었다.

작은 나뭇가지 하나가 잔의 옷깃에 떨어졌다. 플라타너스에서 떨어진 가지였다. 잔은 그 매끄럽고 잿빛 나는 굵은 나무 기둥에 다가가 살며시 나무를 손으로 어루만졌다. 잔의 발이 풀 속의 썩은 나무토막에 부딪혔다. 그것은 옛날에 그녀가 식구들과 앉았던 의자, 쥘리앵이 처음으로 레푀플을 방문했을 때에 갖다 놓았던 의자의 조각이었다.

잔은 현관문 앞으로 갔다. 녹슨 자물쇠가 좀처럼 움직이지 않아서 문을 여는 데 힘이 들었다. 잠시 후, 가까스로 자물쇠가 열렸다. 잔은 거의 뛰다시피 해서 옛날 자기 방으로 올라갔다. 벽은 새로 도배가 되어 있었다. 창문을 열자 그녀는 온몸이 떨리는 것을 느꼈다. 자기가 그토록 사랑했던 풍경, 관목숲과 느릅나무숲, 들판과 움직이지 않는 듯한 갈색 돛단배가 점점이 떠 있는 바다가 눈앞에 펼쳐졌다.

잔은 텅 빈 듯한 이 큰 집을 돌아보기 시작했다. 눈에 익은 벽 위의 얼룩을 바라보기도 했다.

그러다가 벽에 뚫린 조그만 구멍 앞에서 걸음을 멈추었다. 그것은 남작이 그 앞을 지나갈 때마다 어린 시절에 배운 검술 흉내를 냈던 흔적이었다.

어머니의 방에서는 침대 곁에 꽂혀 있는 가느다란 핀을 찾아 냈다. 잔은 자기가 오래 전에 꽂아놓았던 것임을 생각해 냈다. 그 후 오랫동안 찾았지만 찾지 못했던 핀이었다. 잔은 마치 귀중한 유물인 양 핀에다 키스했다.

잔은 방마다 돌아다녔다. 도배를 하지 않은 방에서는 거의 눈에 띄지 않는 흔적들까지 찾아다녔다. 그녀는 마치 묘지를 걸어가듯 넓고 고요한 저택 안을 홀로 소리 없이 걸어다녔다.

잔은 거실로 내려갔다. 덧문이 닫혀져 있어 어두웠다. 얼마 동안은 사물을 제대로 분별할 수가 없었다. 차츰 방 안 어둠에 익숙해지면서 새들이 거닐고 있는 무늬가 놓인 커다란 벽걸이를 알아볼 수가 있었다.

두 개의 안락의자가 막 사람이 앉아 있다가 나간 듯 벽난로 앞에 나란히 놓여 있었다. 그 옛 방의 냄새가 그녀의 가슴속 깊숙이 스며들어 잔을 감쌌다. 지나간 기억이, 잊혀진 추억이 되살아났다.

잔은 안락의자에 두 눈을 못박은 채 추억 속에 잠겼다. 그러자 남작과 아델라이드 부인이 난로에 발을 쬐고 있는 것이 보였다.

잔은 소스라치게 놀라 뒤로 물러섰다. 쓰러지지 않으려고 문에 기댄 채 눈은 계속 안락의자를 응시했다. 환상은 사라졌다.

잔은 몇 분 동안 넋이 나간 채 우두커니 서 있다가 차츰 맑은 정신이 되자 겁이 나서 뛰쳐나가려고 했다. 그 때 문득 그녀의 눈길은 기대고 서 있던 벽의 판자 위로 떨어졌다.

폴의 키를 쟀던 벽의 눈금이 눈에 띄었다. 페인트칠 위에 무수히 많은 희미한 줄들이 위쪽으로 그어져 있었다. 숫자는 어린애의 키를 잰 연월일과 성장을 표시하고 있었다.

남작의 글씨는 다른 것보다 컸다. 그보다 작은 잔의 글씨가 있었고, 그런가 하면 약간 떨린 듯한 리종 이모의 것도 있었다.

그러자 옛날의 그 금발의 어린애가 자기 앞에 서서 키를 재 달라고 작은 이마를 벽에 착 붙이고 있던 것이 눈앞에 보이는 듯싶었다. 이어서 남작의 거친 목소리가 들렸다.

"잔! 6주일 동안에 1센티미터나 자랐구나."

잔은 미친 듯이 벽에다 입을 맞추기 시작했다. 그 때 밖에서 그녀를 부르는 소리가 들려왔다. 로잘리의 목소리였다.

"마님, 모두들 점심식사를 하려고 마님을 기다리고 있습니다."

잔은 허둥지둥 밖으로 나갔다. 하지만 사람들이 뭐라고 자기에게 이야기하는지 하나도 알아들을 수가 없었다. 아직도 추억 속을 거닐고 있는 것만 같았다.

그들은 점심식사를 하고, 소작인들과 이야기를 나눈 다음 서로 키스를 주고받고는 마차에 올랐다. 숲 사이로 보이던 저택의 높은 지붕이 더 이상 보이지 않게 되자, 잔은 가슴이 찢어지는 듯했다. 자기의 옛 집에 영원히 이별을 고하는 듯한 기분이었다.

그들은 다시 바트빌로 돌아왔다.

집 안으로 들어가려다 잔은 문 밑에 떨어져 있는 무엇인가 하얀 것을 발견했다. 집을 비운 사이에 우체부가 놓고 간 한 통의 편지였다.

폴에게서 온 편지였다. 잔은 불안에 떨면서 겉봉을 뜯었다. 폴은 다음과 같은 사연을 적고 있었다.

　그리운 어머니!

　그 동안 답장을 하지 않은 까닭은 어머니께서 저로 인해서 공연히 힘든 여행을 하시게 될까 봐 염려가 되었기 때문입니다.

　저는 현재 몹시 불행한 처지에 빠져 있습니다. 제 아내는 사흘 전에 여자 아이를 낳고는 지금 죽어가고 있습니다. 그런데 저에게는 동전 한 푼 없습니다. 아기는 지금 문지기 아주머니가 우유로 기르고 있지만, 이 어린것을 어떻게 해야 좋을지 모르겠습니다. 혹시 죽지나 않을까 염려됩니다. 어린애를 어머니께서 좀 맡아 주실 수 없으신지요? 유모에게 맡기려 해도 맡길 만한 돈도 없습니다. 곧 회답 주십시오.

　　　　　　　　　어머님을 사랑하는 어머님의 아들 폴

잔은 의자에 맥없이 주저앉아 간신히 로잘리를 불렀다. 로잘리가 오자 잔은 그녀와 다시 한 번 편지를 읽었다. 그들은 서로 얼굴만 바라본 채 오랫동안 말 한마디 없이 앉아 있었다. 마침내 로잘리가 입을 열었다.

"제가 아기를 데리러 가겠습니다. 이대로 둘 수는 없으니까요."

"그래, 그렇게 해 줘, 로잘리."

하고 잔은 대답했다.

두 사람은 또다시 입을 다물었다. 이윽고 로잘리가 다시 말을 이었다.

"자, 마님, 모자를 쓰시고 같이 고데르빌의 공증인한테로 갑시다. 만약 그 여자가 죽는다면 아기를 위해서 폴 도련님은 결혼을 해야 하니까요. 갓난아기를 사생아로 만들 수는 없잖아요?"

잔은 잠자코 모자를 썼다. 입 밖에 낼 수 없는 기쁨이 가슴에 가득 찼다. 다른 사람에게는 알리고 싶지 않은 떳떳하지 못한 기쁨이었다.

'폴을 빼앗은 여자가 이제 죽으려고 한다.'

고데르빌의 공증인은 로잘리에게 자세한 지시를 했다. 로잘리는 몇 번이고 그것을 반복해 듣고 나서 실수할 염려가 없다고 확신하자 잔에게 말했다.

"아무 염려 마시고, 이제는 모두 제게 맡겨 두세요."

로잘리는 그날 밤으로 파리를 향해 떠났다.

잔은 이틀 동안 아무것도 생각할 수 없는 혼란 속에서 지냈다. 사흘째 되던 날 아침, 로잘리에게서 간단한 통지가 왔다. 그날 저녁에 도착한다는 내용이었다.

오후 3시경, 잔은 로잘리를 마중하기 위해 이웃집 마차를 빌려 타고 정거장으로 나갔다. 플랫폼에 서서 멀리 지평선 쪽으로 차츰 좁아지면서 직선으로 뻗어나간 철도를 바라보고 있었다.

때때로 그녀는 시계를 보았다. 10분 전……. 5분 전……. 2분 전……. 로잘리가 탄 열차가 도착할 시간이 되었지만 철로 위에는 아무것도 나타나지 않았다.

잠시 후 하얀 연기가 나타났다. 그리고는 그 밑에서 검은 점 하나가 나타나는가 싶더니, 이윽고 차츰 커지면서 전속력으로 다가왔다. 그 거대한 기계는 속력을 낮추면서 잔 앞으로 지나갔다.

이윽고 몇 개의 승강구가 열리고, 작업복을 입은 농부, 광주리를 든 시골 아낙네, 중절모를 쓴 사람들이 내렸다. 드디어 무슨 보따리 같은 것을 안은 로잘리가 보였다.

　잔은 그리로 달려가고 싶었지만, 두 다리에 힘이 빠져 한 발자국도 움직일 수가 없었다. 로잘리는 잔을 보자 침착한 표정으로 다가와서 알렸다.

　"잘 지내셨어요? 저도 잘 다녀왔습니다. 쉬운 일이 아니었어요."

　잔은 더듬거렸다.

　"그래, 어떻게 됐어?"

　로잘리가 대답했다.

　"아기 엄마 되는 여자는 어젯밤에 죽었어요. 결혼식은 올렸답니다. 이 아이가 그 아기예요."

　로잘리는 포대기에 싸인 어린애를 잔에게 내밀었다. 잔은 기계적으로 어린애를 받아 안고 역을 나섰다. 로잘리가 다시 말을 꺼냈다.

　"폴 도련님은 장례식이 끝나는 대로 곧 돌아오신답니다. 아마 내일이 시각쯤에 오실 거예요.”

“폴……”

잔은 이 말을 낮게 중얼거리고는 더 이상 말을 잇지 못했다.

태양은 지평선 저쪽으로 조용히 기울고 있었다. 황금빛 장다리꽃과 핏빛 양귀비꽃은 지는 해의 빛을 받으며 환하게 빛나고 있었다. 푸른 대지에는 무한한 정적이 내리깔려 있었다. 마부의 재촉을 받으며 마차는 빨리 달렸다.

잔은 말없이 앞만 바라보고 있었다. 갑자기 부드러운 온기가 그녀의 다리와 피부에 스며들었다. 그것은 그녀의 무릎에서 자고 있는 어린애의 체온이었다.

한없는 감동이 그녀의 가슴속으로 스며들었다. 잔은 어린애의 얼굴을 덮고 있는 천을 와락 젖혔다.

“폴의 딸……”

이 연약한 생명이 갑자기 강한 햇빛을 받아 입을 오물거리며 푸른 눈을 떴다. 잔은 두 팔로 아기를 끌어안고 미친 듯이 입을 맞추기 시작했다. 그러자 로잘리가 그녀의 팔을 잡고 말리며 이야기했다.

“마님, 그만 하세요. 이러다간 애기가 울음이라도 터뜨리겠어요.”

그리고는 자기 자신에게 이르듯이 이렇게 덧붙이는 것이었다.

“그러고 보면 인생이란 사람들이 생각하듯, 그렇게 행복하지도 불행하지도 않은 것인가 봐요.”

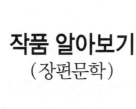

작품 알아보기
(장편문학)

〈여자의 일생〉의 원래 제목은 〈어떤 생애〉로, 모파상의 고향 프랑스 노르망디를 배경으로 하여 씌어진 작품이다.

이 작품은 행복한 소녀에서 행복한 아내가 되었어야 할 한 여성이 믿었던 사람에게 차례차례 배반을 당하며 생의 환멸을 느끼는 내용을 주축으로 한다.

주인공 잔은 수도원 학교를 졸업하고 희망과 환희에 찬 생활을 꿈꾸며 결혼한다. 하지만 결혼 첫날밤부터 문제가 있었던 남편은 이후에도 끝없이 그녀를 괴롭힌다. 그래서 잔은 하나밖에 없는 아들에게 모든 희망을 걸지만, 아들마저 감당할 수 없는 방탕아가 되어 그녀 곁을 떠나 버린다.

잔의 불행 속에는 모파상 어머니의 경험이 상당히 반영되어 있다고 한다. 모파상의 아버지는 잔의 남편처럼 문제가 있었던 인물이었고, 동생 에르베도 방탕한 생활로 어머니를 괴롭혔다. 요컨대 〈여자의 일생〉의 배경은 모파상의 가정사인 것이다.

이 작품은 이기적이고 물욕에 눈이 어두운 인간들을 담담한 필치로 그린 한편, 인생에 대한 사무치는 애수와 아름다운 풍경이 잘 나타나 있는 것으로 평가받고 있다.

논술 길잡이
(장편문학)

❶ 아래 글은 쥘리앵이 잔의 부모님에게 한 말이다. 이것으로 알 수 있는 쥘리앵의 성격에 대해 써 보자.

> "그래도 천5백 프랑 정도면 충분하지 않습니까? 이 지방에서 애를 가지고 결혼하는 처녀애들은 많습니다. 그렇게 따지고 보면 어린아이가 누구 자식이든 상관없는 일이지요. 2만 프랑이나 나가는 농장을 주면 당연히 우리에게 손해되는 일일뿐만 아니라, 세상 사람들에게 사건을 알리는 것이나 마찬가지잖아요? 우리의 가문이나 지위 같은 것도 좀 생각을 하셔야지요."

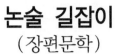

논술 길잡이
(장편문학)

❷ 아래 그림은 〈여자의 일생〉의 시대적 배경을 알 수 있게 해
준다. 이 그림 외에 당시의 시대상이나 풍속을 알려 주는 것
들을 본문에서 찾아 써 보자.

논술 길잡이
(장편문학)

❸ 아래 글은 잔이 손녀에게 감격에 찬 키스를 퍼붓는 것을 보고, 로잘리가 한 말이다. 이 말 속에 숨겨진 작가의 의도가 무엇인지 써 보자.

"그러고 보면 인생이란 사람들이 생각하듯, 그렇게 행복하지도 불행하지도 않은 것인가 봐요."

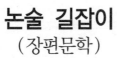

논술 길잡이
(장편문학)

❹ 잔, 쥘리앵, 로잘리, 남작, 아델라이드 부인 등, 이 작품에 등
장하는 인물들에 대한 자신의 의견을 써 보자.

....

....

....

....

❺ 모파상은 졸라, 플로베르에 이은 프랑스 자연주의 문학을
대표하는 작가로, 짧은 형식에도 가볍지 않은 주제를 다룬
것으로 유명하다. 모파상의 다른 작품들을 찾아 읽고, 그 소
감을 글로 정리해 보자.

....

....

....

....